施工现场安全防护设施
标准化指南

Guidelines for Standardization of Safety Protection
Facilities on Construction Sites

交通运输部安全与质量监督管理司　组织编写

人民交通出版社股份有限公司
北京

图书在版编目（CIP）数据

施工现场安全防护设施标准化指南／交通运输部安全与质量监督管理司组织编写．— 北京：人民交通出版社股份有限公司，2021.9

ISBN 978-7-114-17580-0

Ⅰ．①施… Ⅱ．①交… Ⅲ．①道路施工—施工现场—安全防护—工程设施—标准化—指南 Ⅳ．①U415.12-62

中国版本图书馆 CIP 数据核字（2021）第 171027 号

Shigong Xianchang Anquan Fanghu Sheshi Biaozhunhua Zhinan

书　　名：	施工现场安全防护设施标准化指南
著 作 者：	交通运输部安全与质量监督管理司
责任编辑：	刘永超　石　遥
责任校对：	孙国靖　卢　弦
责任印制：	张　凯
出版发行：	人民交通出版社股份有限公司
地　　址：	（100011）北京市朝阳区安定门外外馆斜街 3 号
网　　址：	http：∥www.ccpcl.com.cn
销售电话：	（010）59757973
总 经 销：	人民交通出版社股份有限公司发行部
经　　销：	各地新华书店
印　　刷：	北京市密东印刷有限公司
开　　本：	880×1230　1/16
印　　张：	13
字　　数：	265 千
版　　次：	2021 年 9 月　第 1 版
印　　次：	2023 年 12 月　第 4 次印刷
书　　号：	ISBN 978-7-114-17580-0
定　　价：	120.00 元

（有印刷、装订质量问题的图书由本公司负责调换）

《施工现场安全防护设施标准化指南》
编 审 组

审 定 组

组　　　长：	张继顺				
副 组 长：	黄　勇	章后忠	黄成造	罗　恒	左志武
	武焕陵	王宏祥	职雨风		
成　　　员：	杨菲玲	陈思文	刘山健	薛志超	章登精
	卞国炎	黄学文	蔡业青	陈成勇	沈　斌
	陈伟乐	马祖桥	何　光	殷治宁	张晓虎
	程德宏	陈　新	费国新	吴向民	刘元泉
	储根法	柳　民	李洪斌	罗海峰	翁优灵
	桂志敬	何　敏	尼颖升	段金龙	

编 写 组

主　　　编：	肖殿良	沈　群			
副 主 编：	王玉倩	王乐远	陈剑云	卢　瑜	魏玉莲
	陶　犇				
编写人员：	郭　鹏	刘　琦	严摇铃	易　舜	闫守河
	杨树荣	宋浩然	吕大伟	丁　亮	陈　晨
	郑广顺	许　盟	孙建伟	李　扬	侯宇航
	党权交	李心秋	郑珍根	李　然	王玉文
	杜海峰	吴壮佳	张田涛	武文清	黄晓初
	刘韶新	奚维峰	陈　涛	李虹余	魏　超

主编单位： 安徽省交通运输厅

广东省交通运输厅

交通运输部科学研究院

参编单位： 湖南省交通运输厅

山东高速集团有限公司

南京市公共工程建设中心

安徽省交通工程质量安全管理服务中心

广东省交通集团有限公司

安徽省交通控股集团有限公司

深中通道管理中心

湖南省交通建设质量安全监督管理局

广东惠清高速公路有限公司

序

"十三五"期间是交通基础设施发展、服务水平提高和转型发展的黄金时期。当前，我国交通基础设施建设规模总量大，交通建设正处于施工高峰期，安全生产风险大、形势严峻、任务艰巨。因此，要深入贯彻落实党的十九大精神，以习近平新时代中国特色社会主义思想为指导，认真落实党中央、国务院决策部署，坚持以人民为中心，牢固树立安全发展理念，深化平安交通建设，推动改革创新，健全安全体系，坚决遏制生产安全事故，为建设交通强国提供坚实可靠的安全保障。

品质工程是践行现代工程管理发展的新要求，追求工程内在质量和外在品位的有机统一，以"优质耐久、安全舒适、经济环保、社会认可"为建设目标的公路水运工程建设成果。一直以来，交通运输部始终坚持质量第一、安全至上的理念，落实交通强国战略部署，全力推进品质工程建设，全面提升交通建设质量安全水平，更好地满足经济社会发展和人民群众安全便捷、高效出行的需要。

2018年2月1日，交通运输部办公厅印发了《品质工程攻关行动试点方案（2018—2020年）》，开展为期3年的品质工程攻关行动，旨在解决公路水运工程建设重点领域的突出问题，提炼、推广先进工程技术管理经验，完善有关工程质量安全技术标准，全面提升工程质量安全管理水平。此次攻关行动围绕"两区三厂"（生活区、办公区、钢筋加工厂、拌和厂及预制厂）建设安全标准化、桥梁预制构件质量提升、隧道施工质量安全管控能力提升、工程质量安全技术"微创新"、施工现场安全防护设施标准化、施工班组规范化管理等6方面攻关任务，分阶段形成品质工程建设质量安全管理制度或技术要求。

当前，施工现场安全防护存在缺乏安全防护设施标准，缺少关键部位本质安全型防护设施，以及安全防护注重形式，不注重质量等突出问题。为此，我司组织安徽、广东、湖南、山东、江苏等地相关单位和人员，依托试点项目和试点企业，编写了《施工现场安全防护设施标准化指南》（以下简称《指南》）。

《指南》重点解决施工现场桥梁、隧道、高边坡等关键部位安全防护设施的设计验算、设置部位、安装形式、维护更换等方面问题，旨在提高施工现场安全防护设施安装、使用、维护和拆除的便利性、循环利用性、经济适用性，提升施工现场安全防护设施"本质安全"水平，规范施工现场安全防护要求，降低施工现场安全风险，推动施工现场安全防护设施向标准化、模块化、装配化、专业化和工厂化发展。

全面推动安全防护设施的定型化设计、规范化使用、精细化管理，提高安全防护设施的可靠性，提升工程建设安全防护水平，为"平安百年品质工程"建设打好坚实基础，为加快建设交通强国，建设一流交通运输基础设施提供强力支撑。

交通运输部安全与质量监督管理司

2021 年 7 月

前　言

《施工现场安全防护设施标准化指南》（以下简称《指南》）针对我国交通建设工程施工现场安全防护存在的突出问题和迫切需求，以构建新时代施工现场安全防护体系，提升防护设施本质安全为目标，提出施工现场安全防护的基本要求和防护设施设计、安装、验收、维护的技术要求。

《指南》重点解决了施工现场桥梁、隧道、高边坡等关键部位安全防护设施的设计验算、设置部位、安装形式、维护更换等方面问题，提高了施工现场安全防护设施安装、使用、维护和拆除的便利性、循环利用性、经济适用性，提升了施工现场安全防护设施"本质安全"水平，规范了施工现场安全防护要求，降低了施工安全风险，推动了施工现场安全防护设施向标准化、模块化、装配化、专业化和工厂化发展，改变了施工现场安全防护重产品轻设计、重外观轻质量、重使用轻保养的模式。

《指南》主要起草单位为安徽省交通运输厅、广东省交通运输厅、交通运输部科学研究院、湖南省交通运输厅、山东高速集团有限公司、南京市公共工程建设中心、安徽省交通工程质量安全管理服务中心、广东省交通集团有限公司、安徽省交通控股集团有限公司、深中通道管理中心、湖南省交通建设质量安全监督管理局、广东惠清高速公路有限公司。

鉴于《指南》的编写在时间上较为紧迫，且限于编者水平有限，如有不当之处，敬请广大读者批评指正！

本书编写组
2021 年 7 月

目 录

1 总则 ··· 1
2 术语 ··· 2
3 基本规定 ··· 4
4 通用设施 ··· 6
   4.1 防护栏杆 ··· 6
   4.2 防护棚 ·· 8
   4.3 安全通道 ·· 11
   4.4 高处作业平台 ·· 23
5 临时工程 ·· 30
   5.1 钢栈桥 ··· 30
   5.2 两区三厂 ·· 33
   5.3 跨线施工 ·· 40
6 桥梁工程 ·· 48
   6.1 钻（挖）孔灌注桩 ·· 48
   6.2 基坑施工 ·· 50
   6.3 围堰 ·· 51
   6.4 墩柱 ·· 54
   6.5 支架 ·· 58
   6.6 盖梁 ·· 59
   6.7 挂篮 ·· 61
   6.8 架桥机 ··· 63
   6.9 悬索桥猫道 ··· 64
   6.10 桥面系 ·· 69
7 隧道工程 ·· 72
   7.1 隧道开挖 ·· 72
   7.2 仰拱 ·· 74
   7.3 盾构隧道 ·· 76
8 高边坡工程 ··· 80
   8.1 一般规定 ·· 80
   8.2 高边坡施工作业平台 ······································· 81

8.3 人行斜道 ………………………………………………………………… 81
8.4 防护栏杆 ………………………………………………………………… 82
附录 A 安全防护设施验收（检查）表 …………………………………… 83
附录 B 安全防护设施与工序对照表 ……………………………………… 127
附件 《施工现场安全防护设施标准化指南》条文说明 ………………… 129
1 总则 ……………………………………………………………………… 131
2 术语 ……………………………………………………………………… 132
3 基本规定 ………………………………………………………………… 133
4 通用设施 ………………………………………………………………… 135
5 临时工程 ………………………………………………………………… 160
6 桥梁工程 ………………………………………………………………… 171
7 隧道工程 ………………………………………………………………… 190
8 高边坡工程 ……………………………………………………………… 195

1 总则

1.0.1 为规范施工现场安全防护设施设置和管理，提高施工现场安全防护水平，制定本指南。

1.0.2 本指南适用于公路工程施工现场桥梁、隧道、高边坡等关键部位安全防护设施的设计、安装、维护及管理，水运工程项目可参照执行。

1.0.3 施工现场安全防护设施设置和管理应遵循安全可靠、规范便捷、经济适用、技术先进的原则。

1.0.4 施工安全防护设施除应符合本指南的规定外，尚应符合国家和行业现行有关标准的规定。

2 术语

2.0.1 施工现场安全防护设施　safety protection facilities at construction site
施工现场用于预防生产安全事故或降低事故危害的临时设施、设备、器具及其组合。

2.0.2 防护栏杆　protection rail
为阻挡人员和物料高空坠落、隔离危险场所，沿平台、通道、孔口及其他敞开边缘竖直安装且能够承受一定冲击荷载的框架结构。

2.0.3 防护棚　protection shed
为保障人员、车辆和设备安全而设置的，具备防物体打击、防晒、防雨、防雷或防火等功能的棚架结构。

2.0.4 安全通道　safety runway
为人员、车辆能够安全往返作业区域而设置的专用通道。

2.0.5 高处作业平台　work platform
为人员在高处作业提供的，能够承载作业人员、临时物料荷载的平台。

2.0.6 悬挑式作业平台　cantilevered operating platform
以悬挑形式搁置或固定在结构、设施或设备边沿的作业平台。

2.0.7 落地式作业平台　floor type operating platform
从地面或主体结构表面搭起、不能移动的作业平台。

2.0.8 移动式作业平台　movable operating platform
带脚轮或导轨，或能整体搬运的作业平台。

2.0.9 独立式防撞墩　independent anti-collision pier
在栈桥或水中平台航道侧水域内，独立设置的由多根钢管桩连成整体的防船撞设施。

2.0.10 两区三厂 two districts and three factories

建设项目施工单位设置的生活区、办公区、钢筋加工厂、混凝土拌和厂及混凝土构件预制厂。

2.0.11 全封闭吊篮 fully enclosed operating platform

挂篮施工中用于防止人员、物料坠落的，与挂篮及已浇筑完成的梁体共同形成封闭空间的作业平台。

2.0.12 猫道防滑底板 catwalk non-slip floor

悬索桥施工中，供施工人员在猫道上行走并具防滑功能的钢丝网底板。

2.0.13 仰拱栈桥 invert trestle

隧道施工中，供车辆和人员通过仰拱施工段的临时设施。

2.0.14 隧道逃生通道 escape channel

在隧道突发事故中供作业人员安全疏散而设置的管道。

2.0.15 盾构箱涵拼装两侧移动护栏 mobile guardrails on both sides for box culvert assembling in shield tunneling

可随盾构机推进同时移动的，用于盾构箱涵拼装区域防护的栏杆。

3 基本规定

3.0.1 施工现场安全防护设施应与相应工程施工方案同时设计，与相应工程同步施工。

3.0.2 安全防护设施制作、安装、使用、维修和拆除前应进行安全技术交底。

3.0.3 安全防护设施宜采用定型产品，优先选用装配式、模块化产品。产品应有出厂合格证，并在确认质量可靠且满足安全要求后，方可投入使用。

3.0.4 安全防护设施安装前应对其设计资料、材料的规格和质量、产品技术指标进行验收，安装后应对其安装质量、外观质量等进行验收，验收资料需归档。验收表格见附录 A。

3.0.5 安全防护设施使用过程中应定期进行检查；周转使用的安全防护设施，在循环使用前应进行检查；自然灾害预警后，应及时进行检查、加固；遭遇自然灾害或出现其他异常情况可能导致安全防护设施损伤时，应及时进行检查。检查合格后方可使用。安全防护设施使用过程中发现缺陷的，应及时进行维修或更换。检查表格见附录 A。

3.0.6 安全防护设施不得随意拆除、挪用或弃置不用；因工序等原因需临时拆除的，应报现场带班领导或安全负责人同意，并应增设临时防护设施，可恢复时应立即恢复。

3.0.7 按照施工工序，施工现场安全防护设施可分为用于钢栈桥、两区三厂、跨线施工、钻（挖）孔灌注桩施工、围堰施工、墩柱施工、支架施工、盖梁施工、挂篮施工、架桥机施工、悬索桥猫道施工、桥面系施工、隧道开挖施工、仰拱施工、盾构隧道施工、高边坡工程施工的安全防护设施及其他设施。

3.0.8 按照防治生产安全事故的种类，施工现场施工安全防护设施可分为防治高处坠落的安全防护设施、防治物体打击的安全防护设施等 7 类，见表 3-1。

安全防护设施分类（按事故类型）   表 3-1

事故类型	典型施工工序	安全防护设施
高处坠落	钢栈桥、两区三厂、钻（挖）孔灌注桩施工、基坑施工、围堰施工、墩柱施工、支架施工、盖梁施工、挂篮施工、架桥机施工、悬索桥猫道施工、桥面系施工、隧道开挖施工、盾构隧道施工、高边坡工程施工	防护栏杆、钢直梯、移动式钢斜梯、钢斜梯、悬挑式作业平台、落地式作业平台、移动式作业平台、人行塔梯、防护盖板、高处作业水平通道、施工电梯、安全平网、母索系统、猫道防滑底板、扶手索式防护栏杆、横向通道、盾构箱涵拼装两侧移动护栏
物体打击	两区三厂、跨线施工、钻（挖）孔灌注桩施工、基坑施工、围堰施工、墩柱施工、支架施工、盖梁施工、挂篮施工、架桥机施工、悬索桥猫道施工、桥面系施工、隧道开挖施工、仰拱栈桥施工、盾构隧道施工、高边坡工程施工	防护栏杆、张拉防护挡板、全封闭吊篮、安全平网、防物体打击类防护棚
坍塌	两区三厂、墩柱施工、支架施工、隧道开挖施工、架桥机施工、跨线施工	缆风绳、门式起重机抗风防滑装置、轨道端部止挡、逃生通道、限高架、防撞墩、防撞桶
车辆伤害	钢栈桥施工、跨线施工、仰拱施工	护轮坎、防撞墩、防撞桶、仰拱栈桥
船舶碰撞	钢栈桥、围堰施工	防船撞设施
触电	两区三厂及其他用电场所	防晒防雨类防护棚、围栏
中毒	人工挖孔桩等	通风装置

3.0.9 按照设施之间的相互关系，施工现场安全防护设施可分为固定式及移动式。

4 通用设施

4.1 防护栏杆

4.1.1 技术要求

1 防护栏杆主要由横杆、立柱、挡脚板、安全立网等组成，如图4-1所示。

图 4-1 防护栏杆示意图

2 上横杆距工作面高度不应小于1.2m，横杆间距不应大于600mm。1.2m防护栏杆横杆分为上、下两道，上横杆距工作面高度应为1.2m，上、下横杆间距为600mm。1.5m防护栏杆横杆分为上、中、下三道，上横杆距工作面高度为1.5m，上、中、下相邻横杆间距为500mm。

3 防护栏杆立柱间距不应大于2m。

4 当防护栏杆下方有人员及车辆通行或作业时，防护栏杆下部应通长设置挡脚板。挡脚板高度应不小于180mm，厚度宜不小于2mm，其底部应与作业面保持平齐、无可能坠物的间隙。当作业面设有满足挡脚功能及强度要求的其他结构边沿时，防护栏杆下部可不设挡脚板。

5 防护栏杆下方有人员及车辆通行或作业的，应挂密目式阻燃安全立网封闭。

6 防护栏杆醒目位置应张贴、悬挂危险警示的标识标牌。

7 安装防护栏杆的基础应坚实牢固，且应满足承载力要求。

8 防护栏杆各构件的材料应符合下列要求：

1) 横杆、立柱宜采用钢管或型钢，钢材力学性能不宜低于Q235B，或选用铝合金、纤维增强复合材料等其他力学性能不低于Q235B的等效材料，且应符合现行《碳素结构钢》（GB/T 700）等有关规定。

2）挡脚板宜采用钢板或其他等效金属材料，其力学性能不应低于Q235。

3）安全立网宜采用钢丝网、钢板网或密目式阻燃安全网，且应符合现行《安全网》（GB 5725）和《钢板网》（GB/T 33275）等有关规定。钢丝网、钢板网力学性能不应低于Q235，宜涂刷防锈漆。采用钢丝网时，宜采用直径不小于2mm的低碳冷拔钢丝。

9 防护栏杆挡脚板应采用安全警示色，其他构件宜采用安全警示色，并符合相关规范的规定。

4.1.2 设计验算

1 防护栏杆应由设计制造单位进行设计验算及试验。

2 防护栏杆的横杆、立柱应能承受任何方向施加的1kN的可变荷载。

3 验算应按《建筑施工高处作业安全技术规范》（JGJ 80—2016）附录A"防护栏杆的设计计算"执行。

4 防护栏杆出厂前应按《建筑用玻璃与金属护栏》（JG/T 342—2012）进行抗水平荷载性能试验、抗垂直荷载性能试验及抗软重物撞击性能试验。抗软重物撞击性能检测时，撞击能量E应为300N·m，撞击后护栏各连接部位不得有开裂、松弛或脱落现象。

4.1.3 安装要求

1 防护栏杆各构件之间可采用扣件连接、焊接、套接、螺栓连接、销轴连接等方式连接固定。

2 防护栏杆立柱底端应固定牢靠，可采用预埋、打入、螺栓连接、焊接等方式固定，并符合设计制造单位的安装要求。防护栏杆安装后，横杆、立柱应能承受任何方向施加的1kN的可变荷载。

3 防护栏杆各构件之间连接、立柱固定等应符合相关规范的规定。

4 防护栏杆安装后外观应符合下列要求：

1）线形应协调，各构件不得有明显歪斜、扭曲、变形；

2）切割部位应锉平磨光，边角整齐；

3）安全警示色、防锈漆应涂层均匀、牢固，无明显的堆漆、漏漆等缺陷。

4.1.4 使用维护

1 应避免在防护栏杆构件上额外施加长期的外力作用及施加振动荷载，不得随意悬挂重物。

2 防护栏杆使用过程中发现锈蚀、腐蚀、松动或损坏的，应及时进行检查、维修、更换。

4.2 防护棚

4.2.1 防物体打击类防护棚

4.2.1.1 技术要求

1 防物体打击类防护棚主要由立柱或吊杆（吊带）、棚架、棚板、基础等组成，如图4-2所示。

图4-2 防物体打击类防护棚示意图

2 防物体打击类防护棚结构尺寸应符合下列要求：

1）棚板采用双层搭设时，上、下层棚板间距不应小于700mm，各层棚板应满铺密实。

2）防物体打击类防护棚的长度、宽度应根据原道路通行能力、人员与车辆通行要求及出入口所处位置等确定；防护棚长度还应考虑高处作业高度与可能坠落半径，见表4-1。下方有机动车辆通行的，防护棚的设置应满足公路建筑限界的有关规定；下方仅供非机动车辆通行的，防护棚的高度不应小于3m。

可能坠落半径　　　　　　　　　　　　　　　表4-1

序号	高处作业高度（m）	坠落半径（m）
1	2≤h≤5	3
2	5<h≤15	4
3	15<h≤30	5
4	h>30	6

3）防物体打击类防护棚棚板顶部的所有敞开边缘宜设置挑檐，挑檐宜采用型钢与纵（横）梁可靠连接，其上沿应超出棚板顶部600mm，并形成封闭围护。

3 当采用脚手架搭设安全防护棚时，应符合国家现行相关脚手架标准的规定。

4 防物体打击类防护棚的立柱基础应做硬化处理，硬化范围应大于立杆底框外沿

500mm，立柱基础应坚实牢固，且应满足承载力要求。用于跨路、跨线施工的防护棚应设置防撞墙式基础，并应满足承载力、防撞设计要求。

5 防物体打击类防护棚的醒目位置应设置安全警示标牌、轮廓灯、警示灯、爆闪灯等设施。有车辆通行的，内部照明不应低于两端道路的照明标准。

6 防物体打击类防护棚各构件的材料应符合下列要求：

1）立柱、棚架可采用钢管、桁架、钢管柱或其他型钢材料，其钢材力学性能不宜低于Q235B，且应符合现行《碳素结构钢》（GB/T 700）等有关规定。

2）采用单层搭设的棚板宜采用厚度不小于50mm的木质板，或其他等效性能材料。采用双层搭设的棚板，上层棚板宜采用厚度不小于50mm木质板，或其他等效性能材料，下层棚板宜采用厚度不小于3mm的钢板。

3）挑檐可采用钢板、木板，或其他等效性能材料。

4）立柱基础宜采用强度等级不小于C20的混凝土；防撞墙式基础宜采用强度不小于C25的钢筋混凝土结构。

7 立柱及防撞墙基础等表面、檐板侧面宜用具有夜间反光效果的安全警示色。

4.2.1.2 设计验算

1 防物体打击类防护棚应由设计制造单位进行设计验算。

2 防物体打击类防护棚荷载应符合下列要求：

1）防物体打击类防护棚的棚顶设计荷载应按实际使用要求确定；

2）风荷载计算应按《建筑结构荷载规范》（GB 50009—2012）第8章"风荷载"执行。

3 防物体打击类防护棚宜建立三维模型计算。

4 应验算棚板强度、立柱稳定性、地基承载力、风荷载下水平侧移变形等。

4.2.1.3 安装要求

1 防物体打击类防护棚各构件之间可采用焊接、栓接等方式连接固定；立柱宜采用焊接或栓接方式将底座与基础垫块预埋件连接固定，形成整体承重体系。

2 防护棚各构件之间的连接和固定，立柱底端的固定等应符合相关规范的规定，受力满足设计文件或方案的要求。

3 防护棚安装后外观应符合下列要求：

1）各构件安装后不得有歪斜、扭曲、变形、破损及其他缺陷；

2）地基应坚实平整，排水通畅；

3）安全警示色、防锈漆应涂层均匀、牢固，无明显的堆漆、漏漆等缺陷。

4.2.1.4 使用维护

1 防物体打击类防护棚的使用应符合下列基本要求：

1）防物体打击类防护棚的警示标志反光效果良好；

2）严禁任意拆除防护棚的任何构件；

3）不得在安全防护棚棚顶堆放物料，应及时清除防护棚上的落物。

2 防物体打击类防护棚拆除现场应设置安全警戒区，严禁非作业人员入内。拆除作业应由上而下、逐层进行，严禁上下同时作业。

4.2.2 防晒防雨类防护棚

4.2.2.1 技术要求

1 防晒防雨类防护棚主要由立柱、棚架、棚板组成，如图4-3所示。

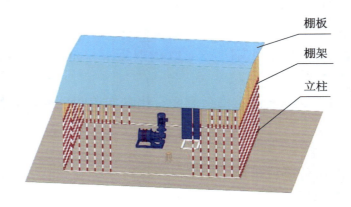

图 4-3 防晒防雨类防护棚示意图

2 防晒防雨类防护棚结构尺寸应符合下列要求：

1）防护棚应能完全遮盖防护区域，其棚顶距离被遮盖物外沿不宜小于0.6m，且满足防雨、防晒、检修等要求；

2）棚顶宜设坡度不小于5%的排水坡。

3 立柱基础应坚实牢固，且应满足承载力要求。

4 防晒防雨类防护棚各构件的材料应符合下列要求：

1）立柱、棚架可采用钢管、方钢或圆钢等型钢材料或其他等效性能材料制作，其钢材力学性能不宜低于Q235B，且应符合现行《碳素结构钢》（GB/T 700）等有关规定；

2）棚板可采用钢板、木质板、篷布，或其他等效性能材料。

4.2.2.2 安装要求

1 防晒防雨类防护棚的棚板和棚架宜采用铆接、绑扎等方式连接固定。台风多发地区宜在防护棚四周预埋地锚，以便台风季节拉设缆风绳。

2 防晒防雨类防护棚各构件之间的连接和固定，立柱底端的固定等应符合相关规范的规定，受力满足设计文件或方案的要求。

3 防晒防雨类防护棚安装后外观应符合下列要求：

1）各构件安装后不得有歪斜、扭曲、变形、破损及其他缺陷；
2）地基应坚实平整，排水通畅；
3）安全警示色、防锈漆应涂层均匀、牢固，不得有明显的堆漆、漏漆等缺陷。

4.2.2.3 使用维护

1 严禁随意拆除防晒防雨类防护棚的任何构件。
2 不得在防晒防雨类防护棚棚顶堆放物料。
3 大风天气时，防晒防雨类防护棚应有防风措施。

4.3 安全通道

4.3.1 钢斜梯

4.3.1.1 技术要求

1 钢斜梯主要由踏板、梯梁、扶手、梯间平台等组成，如图4-4所示。

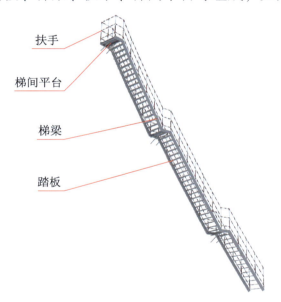

图 4-4 钢斜梯示意图

2 钢斜梯与水平面的倾角宜为 30°～45°，偶尔性进入的最大倾角宜为 45°，经常性双向通行的最大倾角宜为 38°。

3 钢斜梯长度不宜大于 5m；钢斜梯内侧单向通行的净宽度宜为 600mm，经常性单向通行及偶尔双向通行净宽度宜为 800mm，经常性双向通行净宽度宜为 1m。

4 钢斜梯的踏板前后深度不应小于 80mm，相邻两踏板的前后方向重叠不应小于 10mm，且不大于 35mm。顶部踏板的上表面应与平台平面一致，踏板与平台间应无空隙。踏板应采用防滑材料，或至少有不小于 25mm 宽的防滑突缘，并留有排水通道。踏步高度不宜大于 200mm，在同一梯段内，踏步高与踏步宽的组合应保持一致。常用的钢斜梯倾角与对应的踏步高 r、踏步宽 g 组合（$g+2r=600$）见表 4-2。

踏步高、踏步宽尺寸常用组合　　　　表 4-2

倾角（°）	30	35	40	45
踏步高（mm）	160	175	185	200
踏步宽（mm）	280	250	230	200

5 梯梁应设置在钢斜梯的踏板两侧，并应由底部踏板的突缘向前突出不小于 50mm。

6 钢斜梯两侧应设置扶手，扶手应符合下列要求：

1）扶手中心线应与梯梁的倾角线平行，扶手高度宜为 900mm；

2）支撑扶手的立柱应从第一级踏板开始设置，间距不宜大于 1m；

3）应在扶手与钢斜梯中间设置一道中间栏杆。

7 长度大于 5m 的钢斜梯应设梯间平台，并分段设梯。梯间平台应符合下列要求：

1）梯间平台的宽度不应小于钢斜梯的宽度，且不小于 760mm；梯间平台的行进方向的长度不应小于梯子的宽度，且不小于 850mm；

2）梯间平台之间的垂直距离不应小于 2m；

3）梯间平台不得悬挂在梯段上；

4）梯间平台底板应平整满铺，相邻板之间不得搭接且表面高度差不宜大于 4mm；

5）梯间平台临边处应设防护栏杆，并应符合本条第 6 款的有关规定。

8 钢斜梯各构件的材料应符合下列要求：

1）踏板可采用厚度不小于 3mm 的花纹钢板或经防滑处理的普通钢板，或采用其他等效的结构。

2）扶手宜为外径 30mm～50mm，壁厚不小于 2.5mm 的圆形管材。支撑扶手的立柱宜采用截面不小于 40mm×40mm×4mm 角钢或外径为 30mm～50mm 的管材；当扶手底部设置挡脚板时，挡脚板宜采用高度不小于 180mm，厚度不小于 2mm 的钢板。

3）梯间平台底板宜选用厚度不小于 3mm 花纹钢板或经防滑处理的普通钢板，或防滑木质板等其他等效结构材料。

4）钢斜梯各构件选用的钢材力学性能不宜低于 Q235B，且应符合现行《碳素结构钢》（GB/T 700）等有关规定。

4.3.1.2 设计验算

1 钢斜梯应由设计制造单位进行设计验算。

2 钢斜梯荷载应符合下列要求：

1）梯梁应能承受 5 倍预定活荷载标准值，并能承受施加在任何点的 4.4kN 集中荷载，水平投影面上 3.5kN/m² 的均布活荷载；

2）踏板中点应能承受 1.5kN 的集中活荷载，在梯梁内侧宽度上能承受 2.2kN/m 的均布荷载；

3）钢斜梯扶手应能承受在除了向上的任何方向施加的不小于890N集中荷载，在相邻立柱间的最大挠度变形应不大于跨度的1/250；中间栏杆应能承受在中点圆周上施加的不小于700N水平集中荷载，最大挠曲变形不大于75mm；端部或末端立柱应能承受在立柱顶部施加的任何方向上890N的集中荷载，以上荷载不进行叠加；

4）梯间平台应能承受不小于$2kN/m^2$的均匀分布活荷载。

3 钢斜梯可简化为简支梁建模计算。

4 应验算梯梁和踏板的强度、跨中变形、焊缝强度、螺栓连接强度等。

5 钢斜梯出厂前应进行荷载试验。

4.3.1.3 安装要求

1 安装方式应符合下列要求：

1）钢斜梯各构件之间宜采用焊接连接，焊接要求应符合现行《钢结构工程施工质量验收标准》（GB 50205）的有关规定；

2）采用其他方式连接时，连接强度应不低于焊接；

3）钢斜梯基础应稳固，梯脚应垫平。

2 钢斜梯上端与平台梁相连接时，连接处宜采用开长圆孔的螺栓连接。钢斜梯下端应放置在平整且具备足够承载能力的平面上。梯间平台与支撑结构应刚性连接。支撑体系采用悬臂梁式时，其节点应采用螺栓或焊接的刚性连接。

3 钢斜梯安装后外观应符合下列要求：

1）不应有歪斜、扭曲、变形及其他缺陷；

2）表面应光滑，无锐边、尖角、毛刺、裂纹、焊渣或明显锤痕等可能对梯子使用者造成伤害或妨碍其通过的外部缺陷；

3）防锈防腐涂装涂层应均匀、牢固，无明显的堆漆、漏漆等缺陷。

4.3.1.4 使用维护

1 钢斜梯使用应符合下列基本要求：

1）长时间不用的钢斜梯应堆放整齐并用防潮布遮盖。

2）禁止同一段钢斜梯上2人及以上同时作业。

3）钢斜梯上不得堆放物料。

4.3.2 移动式钢斜梯

4.3.2.1 技术要求

1 移动式钢斜梯主要由主体框架、踏板、平台、扶手等组成，如图4-5所示。

2 移动式钢斜梯的设计应避免产品意外滑动或使用者滑倒。踏棍、踏板和平台表面应进行防滑处理，如增加条纹或采用花纹钢板。如通过覆盖物防滑，覆盖物应与踏板或踏棍牢固黏合。

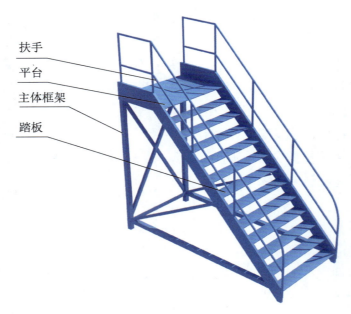

图 4-5 移动式钢斜梯示意图

3 移动式钢斜梯的设计应确保其在使用说明书规定的使用状态下使用时，踏棍或踏板和平台保持水平。

4 主体框架应包括支撑腿、攀爬腿及张开限制拉杆。长度不宜大于 5m，单向通行的内侧净宽度宜为 600mm，经常性单向通行及偶尔双向通行净宽度宜为 800mm，经常性双向通行净宽度宜为 1m。攀爬腿与水平面的倾角宜在 45°～75°范围内。

5 踏板应符合本指南第 4.3.1.1 条的有关规定。常用的移动式钢斜梯倾角与对应的踏步高 r、踏步宽 g 组合（$g + 2r = 600$）示例见表 4-3。

踏步高、踏步宽尺寸常用组合　　表 4-3

倾角（°）	45	50	55	60	65	70	75
踏步高（mm）	200	210	225	235	245	255	265
踏步宽（mm）	200	180	150	130	110	90	70

6 平台长、宽均应在 400mm～1m 之间。平台在水平地面上的投影不应超出梯子与地面的接触区域。平台应牢固固定到梯子上，除了攀爬的一侧，在其他侧面都应安装挡脚板，挡脚板上沿应至少高出平台 50mm。

7 扶手应符合本指南第 4.3.1.1 条第 6 款的有关规定。

8 移动式钢斜梯安装滚轮时，滚轮应坚实可靠、使用方便、带锁止装置。

9 移动式钢斜梯各构件选用的钢材力学性能不宜低于 Q235B，且应符合现行《碳素结构钢》（GB/T 700）等有关规定。

4.3.2.2 设计验算

1 移动式钢斜梯应由设计制造单位进行设计验算及试验。

2 移动式钢斜梯荷载应符合下列要求：

1）移动式钢斜梯应能承受 5 倍预定活荷载标准值，并能承受施加在任何点的 4.4kN 集中荷载，水平投影面上 3.5kN/m² 的均布活荷载；

2）踏板中点应能承受 1.5kN 的集中活荷载，在梯梁内侧宽度上能承受 2.2kN/m 的均布荷载；

3）扶手应能承受在除了向上的任何方向施加的不小于 890N 集中荷载，在相邻立柱间的最大挠度变形应不大于跨度的 1/250；中间栏杆应能承受在中点圆周上施加的不小于 700N 水平集中荷载，最大挠曲变形不大于 75mm；端部或末端立柱应能承受在立柱顶部施加的任何方向上 890N 的集中荷载，以上荷载不进行叠加；

4）作业平台的设计荷载应按实际使用要求确定，整个平台区域应能承受不小于 2kN/m² 均匀分布活荷载。

3 移动式钢斜梯可按照三维桁架建模计算。

4 应验算梯梁和踏板的强度、跨中变形，焊缝强度等。

5 移动式钢斜梯出厂前应按照《梯子　第 6 部分：可移动式平台梯》（GB/T 17889.6—2019）进行试验。

4.3.2.3　安装要求

1 移动式钢斜梯各构件之间宜采用焊接连接，焊接要求应符合现行《钢结构工程施工质量验收标准》（GB 50205）的有关规定。采用其他方式连接时，连接强度应不低于焊接。

2 移动式钢斜梯的地基应坚实平整，梯脚应垫平。

3 移动式钢斜梯安装后外观应符合下列要求：

1）不应有歪斜、扭曲、变形及其他缺陷；

2）表面应光滑，无锐边、尖角、毛刺、裂纹、焊渣或明显锤痕等可能对梯子使用者造成伤害或妨碍其通过的外部缺陷；

3）防锈防腐涂装涂层应均匀、牢固，无明显的堆漆、漏漆等缺陷。

4.3.2.4　使用维护

1 长时间不用的移动式钢斜梯应堆放整齐并用防潮布遮盖。

2 移动式钢斜梯上禁止 2 人及 2 人以上同时作业。

3 使用移动式钢梯攀登作业时，梯顶平台与作业面高差不应大于 200mm。

4 移动式钢斜梯使用时，到上方障碍物的垂直距离不应小于 2m，并做好防撞提示和措施。

5 移动式钢斜梯移动前应清除可能坠落物体，移动时梯子上不得站人。

6 移动式钢斜梯安装滚轮时，制动器除在移动情况外，均应保持制动状态。

4.3.3 钢直梯

4.3.3.1 技术要求

1 钢直梯主要由踏棍、梯梁、护笼、梯间平台等组成，如图4-6所示。

2 钢直梯应与其固定的结构表面平行并尽可能垂直水平面设置，同一梯段高度不宜大于8m，梯宽宜为600～1 100mm。当受条件限制不能垂直水平面时，两梯梁中心线所在平面与水平面倾角应在75°～90°范围内。

3 踏棍应符合下列要求：

1）梯间踏棍应相互平行且水平设置，整个攀登高度上所有的踏棍垂直间距应相等，相邻踏棍垂直间距宜为300mm，梯子下端的第一级踏棍距基准面距离不应大于450mm；

2）在同一攀登高度上踏棍的截面形状及尺寸应一致；圆形踏棍直径不应小于20mm，其他截面形状的踏棍水平方向深度不应小于20mm；踏棍截面直径或外接圆直径不应大于35mm；

3）室外使用的钢直梯踏棍应有附加的防滑措施。

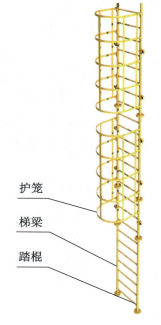

图4-6 钢直梯示意图

4 梯梁不应采用不便于手握紧的不规则形状截面（如大角钢、工字钢梁等），不应在中间支撑处出现接头（除非所用型号材料有要求，且接头需保证梯梁结构的连续性）。同一攀登高度上梯梁应保持相同形状，长细比不宜大于200。

5 护笼应符合下列要求：

1）钢直梯高度大于2m时应设护笼。

2）护笼宜采用圆形结构，应包括一组水平笼箍和至少5根纵向连接立杆。护笼间距宜为500mm，直径宜为750mm；立杆间距不应大于300mm，且均匀分布。

3）护笼底部宜呈喇叭形，此时其底部水平笼箍和上一级笼箍间在圆周上的距离不小于100mm。

4）装在结构内部的直梯，如果结构件的布置能够保证直径为600mm的球体不能穿过，则可不设护笼。

5）如梯子在平台处不中断，则护笼也不应中断，但应在护笼侧面开一宽为500mm、高为1.4m的洞口，以便人员出入。

6 梯间平台应符合下列要求：

1）钢直梯高度大于8m应设梯间平台，并分段设梯；高度大于15m应每5m设一梯间平台；

2）梯间平台宽度、长度均不应小于700mm；

3）梯间平台之间的垂直距离不应小于2m；

4）梯间平台底板应平整满铺，相邻板之间不得搭接且表面高度差不宜大于4mm；

5）梯间平台临边处应设防护栏杆，且应符合本指南第4.1节的有关规定。

7 钢直梯各构件的材料应符合下列要求：

1）正常环境下，梯梁宜采用不小于60mm×10mm的扁钢，或具有等效强度的槽钢等其他实心或空心型钢材；在潮湿或腐蚀等非正常环境下，梯梁宜采用不小于60mm×12mm的扁钢，或具有等效强度的槽钢等其他实心或空心型钢材；

2）水平笼箍宜采用不小于50mm×6mm的扁钢，笼箍立杆宜采用不小于40mm×5mm的扁钢；也可使用具有等效强度的槽钢等其他实心或空心型钢材；

3）梯间平台底板宜选用厚度不小于3mm花纹钢板或经防滑处理的普通钢板，或防滑木质板等其他等效结构材料；

4）钢直梯各构件选用的钢材力学性能不宜低于Q235B，且应符合现行《碳素结构钢》（GB/T 700）等有关规定。

4.3.3.2 设计验算

1 钢直梯应由设计制造单位进行设计验算。

2 钢直梯荷载应符合下列要求：

1）梯梁设计荷载按梯梁组装固定后其上端应能承受2kN垂直集中活荷载计算（高度按支撑间距选取，无中间支撑时按两端固定点距离选取），在任何方向上的挠曲变形不应大于2mm；

2）踏棍设计荷载按在其中点应能承受1kN垂直集中活荷载计算，容许挠度为踏棍长度的1/250；

3）每对梯子支撑及其连接件应能承受3kN的垂直荷载及500N的拉出荷载；

4）梯间平台应能承受不小于2kN/m²的均匀分布活荷载。

3 钢直梯可简化为平面力系的简支梁建模计算。

4 应验算梯梁、踏棍的强度，跨中变形及焊缝强度。

5 钢直梯的整体结构应通过承载力、刚度、稳定性试验。

4.3.3.3 安装要求

1 钢直梯各构件应采用焊接连接，焊接要求应符合现行《钢结构工程施工质量验收标准》（GB 50205）的有关规定。采用其他方式连接时，连接强度应不低于焊接。

2 安装方式应符合下列要求：

1）无基础的钢直梯，至少焊两对支撑，将梯梁固定在结构、建筑物或设备上。相邻两对支撑的竖向间距，应根据梯梁截面尺寸、梯子内侧净宽度及其在钢结构或混凝土结构的拉拔荷载特性确定。固定直梯的支撑应采用不小于∠70×6的角钢。

2）安装在固定结构上的钢直梯，应下部固定，其上部的支撑与固定结构牢固连接，在梯梁上开设长圆孔，采用螺栓连接。

3）固定在设备上的钢直梯当温差较大时，相邻支撑中应一对支撑完全固定，另一对支撑在梯梁上开设长圆孔，采用螺栓连接。

4）梯间平台与支撑结构应刚性连接。支撑体系采用悬臂梁式时，其节点应采用螺栓或焊接的刚性连接。

3 钢直梯安装后外观应符合下列要求：

1）不应有歪斜、扭曲、变形及其他缺陷；

2）表面应光滑，无锐边、尖角、毛刺、裂纹、焊渣或明显锤痕等可能对梯子使用者造成伤害或妨碍其通过的外部缺陷；

3）防锈防腐涂装涂层应均匀、牢固，无明显的堆漆、漏漆等缺陷。

4.3.3.4 使用维护

1 钢直梯使用应符合下列基本要求：

1）长时间不用的钢直梯应堆放整齐并用防潮布遮盖。

2）禁止同一段钢直梯上2人及2人以上同时作业。在通道处使用梯子作业时，应有专人监护或设置围栏。脚手架操作层上严禁架设梯子作业。

4.3.4 人行塔梯

4.3.4.1 技术要求

1 人行塔梯主要由外框架、斜撑、钢斜梯、安全网、梯间平台、防物体打击防护棚等组成，如图4-7所示。

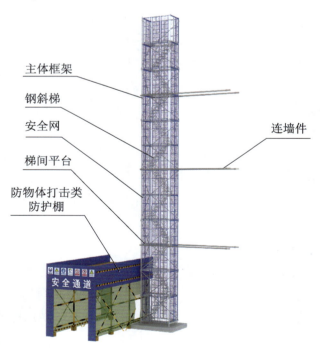

图 4-7 人行塔梯示意图

2 外框架可采用钢管或型钢制作，每层高度不应小于1.9m。

3 当人行塔梯高度在24m以下时，斜撑杆或交叉拉杆的覆盖面积可按外立面的

1/8～1/6布设；当人行塔梯高度在24m以上时，斜撑杆或交叉拉杆的覆盖面积可按外立面的1/4～1/3布设。相邻竖向斜撑杆应朝向对称呈八字形设置。

4 人行塔梯用固定式钢斜梯应符合本指南第4.3.1节的有关规定。有钢丝网或钢板网防护的一侧可不设置扶手。

5 人行塔梯四周应采用钢丝网或钢板网封闭。下方有人员及车辆通行或作业的，应用密目式钢丝安全立网封闭。

6 梯间平台应符合下列要求：

1）梯间平台的宽度不应小于钢斜梯的宽度，且不小于760mm；梯间平台的行进方向的长度不应小于人行塔梯的宽度，且不小于850mm；

2）梯间平台不得悬挂在梯段上；

3）顶部和各节平台应设置防护栏杆，并应符合本指南第4.1节的有关规定；

4）梯间平台底板应平整满铺，相邻板之间不得搭接且表面高度差不宜大于4mm。

7 人行塔梯基础应根据产品说明书要求设置。宜采用厚度不小于300mm的混凝土浇筑，硬化范围不应小于人行塔梯底框外沿500mm，也可采用其他经过设计、检测的结构形式。

8 人行塔梯出入口应根据高处作业高度与可能坠落半径搭设防物体打击防护棚，并应符合本指南第4.2.1节的有关规定。

9 人行塔梯选用的材料性能应符合下列要求：

1）梯间平台底板宜选用厚度不小于3mm花纹钢板或经防滑处理的普通钢板，或防滑木质板等其他等效结构材料；

2）人行塔梯基础所用混凝土强度等级应不小于C20；

3）各构件选用的钢材力学性能不宜低于Q235B，且应符合现行《碳素结构钢》（GB/T 700）等有关规定；钢丝网、钢板网力学性能不应低于Q235，且应符合现行《安全网》（GB 5725）、《钢板网》（GB/T 33275）等有关规定。

4.3.4.2 设计验算

1 人行塔梯应由设计制造单位进行设计验算。

2 人行塔梯荷载应符合下列要求：

1）钢斜梯荷载应符合本指南第4.3.1节的有关规定；

2）梯间平台应能承受不小于$2kN/m^2$的均匀分布活荷载；

3）受弯构件容许挠度为跨度的1/150和10mm中的较小值；

4）对于承载能力极限状态设计，人行塔梯荷载效应的基本组合宜按表4-4采用。

人行塔梯荷载效应的基本组合 表4-4

计 算 项 目	荷载效应的基本组合
立杆/水平杆强度、稳定承载力	永久荷载+施工荷载
立杆稳定承载力	永久荷载+施工荷载+ψ_w风荷载

续上表

计 算 项 目	荷载效应的基本组合
连墙件强度、稳定承载力	风荷载 + N_0
立杆地基承载力	永久荷载 + 施工荷载

注：1. N_0 为连墙件约束架体平面外变形所产生的轴向力设计值。
  2. ψ_w 为风荷载组合值系数。

5）对于正常使用极限状态设计，人行塔梯荷载效应的标准组合宜按表 4-5 采用。

人行塔梯荷载效应的标准组合   表 4-5

计 算 项 目	荷载效应的标准组合
水平受弯杆件挠度、梯间平台挠度	永久荷载

3 人行塔梯验算应按现行《建筑施工脚手架安全技术统一标准》（GB 51210）或《钢结构设计标准》（GB 50017）执行。

4.3.4.3 安装要求

1 安装方式应符合下列要求：

1）人行塔梯的各构件之间可采用扣件、焊接、定型套管、螺栓、销轴等方式进行连接固定；塔梯连接螺栓应紧固，并应采取防退扣措施；

2）人行塔梯可根据设施具体情况，通过螺栓或销轴固定方式分节安装上、下层平台框；

3）用电线路不宜装设在塔梯上，必须装设时，线路与塔体间应绝缘；

4）人行塔梯高度大于 5m 时，每上升 4~6m 应设置连墙件；

5）人行塔梯基础应稳固，四脚应垫平，底部与基础之间应采用预埋地脚螺栓固定连接。

2 人行塔梯连墙件应符合下列要求：

1）连墙件应采用能承受压力和拉力的刚性杆件，采用拉撑结合方式、预埋钢管方式、后锚固方式或箍柱等方式与结构物连接；

2）连墙件应与建筑结构和塔梯连接牢固，严禁与支撑性支架连接；

3）连墙件应靠近塔梯的横杆设置，连接点至横杆、立杆节点距离不应大于 300mm，并固定在塔梯的立杆上；

4）连墙件宜水平设置，当不能水平设置时，与人行塔梯连接的一端，应低于与建筑结构连接的一端，连墙杆的坡度宜小于 1:3；

5）连墙件的安装必须随人行塔梯搭设同步进行，严禁滞后安装；当人行塔梯操作层高出相邻连墙件 2 个步距及以上时，在上层连墙件安装完毕前，必须采取临时拉结措施。

6）当无法设置连墙件时，应制定其他可靠的固定措施，并进行专项设计。

3 人行塔梯各构件之间的连接和固定，构件与地面之间的固定等应符合相关规范的规定，且受力满足设计文件或方案的要求。

4 人行塔梯安装后外观应符合下列要求：
1）各构件不得歪斜、扭曲、变形；
2）平台底板应满铺、平整无明显错台，可靠固定；
3）表面应光洁，无毛刺、裂纹、焊渣或明显锤痕等外观缺陷；
4）切割部位应锉平磨光，边角整齐；
5）地基应坚实平整，基础四周应有防排水设施；
6）安全警示色、防锈漆涂层应均匀、牢固，无明显的堆漆、漏漆等缺陷。

4.3.4.4 使用维护

1 人行塔梯使用应符合下列要求：
1）人行塔梯出入口宜设置警示、隔离类设施进行围蔽，禁止无关人员入内；
2）人行塔梯醒目位置应张贴设施验收牌、安全使用规程及同时上下人数，夜间施工时上下道口应设置警示灯；
3）人行塔梯仅用于人员往返，严禁用于物料运输和承重，或用作其他设施设备的架体；
4）长时间不用的人行塔梯应堆放整齐并用防潮布遮盖；
5）人行塔梯基础下不得进行挖掘作业；当因施工需要在基础附近进行挖掘作业时，应对架体采取加固措施。

2 人行塔梯使用过程中应由专人进行日常维护，并应每日施工前进行检查，检查项目应符合下列规定：
1）主要受力杆件、剪刀撑等加固杆件、连墙件应无缺失、无松动，架体应无明显变形；
2）场地应无积水、地基无明显变形，立杆底端应无松动、无悬空；
3）安全防护设施应齐全、有效、无损坏缺失；
4）使用过程中若出现6级及6级以上强风、洪水或大雨浸泡、冻结的地基土解冻、停用超过1个月、架体部分拆除等特殊情况，应按照基础、连墙件、塔梯下部、塔梯上部的顺序进行检查，有明显不稳定时不得登高检查，确认安全后方可继续使用。

3 人行塔梯的拆除应符合下列要求：
1）拆除作业时，应设置安全警戒线、警戒标志，并应派专人监护，严禁非作业人员入内。
2）拆除程序应遵守由上而下，先装后拆的原则，严禁上下同时作业。
3）同层杆件和构配件必须按先外后内的顺序拆除。
4）剪刀撑、斜撑杆等加固杆件必须在拆卸至该杆件所在部位时再拆除。
5）连墙件必须随架体逐层拆除，严禁先将连墙件整层或数层拆除后再拆架体。拆除作业过程中，当架体的自由端高度超过2个步距时，必须采取临时拉结措施。
6）拆下的构件应吊运至地面，防止碰撞，严禁抛掷。
7）定型产品的人行塔梯应按照使用说明书进行拆除。

4.3.5 高处作业水平通道

4.3.5.1 技术要求

1 高处作业水平通道主要由底部支撑、通道底板和防护栏杆等组成，如图 4-8 所示。

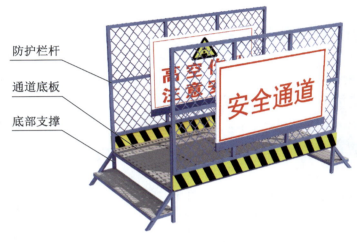

图 4-8 高空作业水平通道示意图

2 高处作业水平通道的行走宽度不应小于 750mm；通道与水平面的坡度不应大于 1:3。

3 高处作业水平通道的底部支撑宜采用纵梁加横撑组合结构，与相邻构筑物固定牢靠；当搭接到构筑物上时，搭接长度不应小于 500mm，并应采取防推移措施。

4 高处作业水平通道的通道底板应平整满铺，相邻板之间不得搭接，且表面高度差不宜大于 4mm；表面如有坡度应加设间距不大于 400mm 的防滑条或采取其他防滑措施。通道底板应留有排水通道。

5 高处作业水平通道应根据作业工序选择 1.2m 防护栏杆或 1.5m 防护栏杆，并应符合本指南第 4.1 节的有关规定。

6 高处作业水平通道选用的材料性能应符合下列要求：

1) 底部支撑宜选用型钢；

2) 通道底板宜选用厚度不小于 3mm 花纹钢板或经防滑处理的普通钢板，或防滑的钢脚手板、木质板等其他等效结构材料；

3) 各构件选用的钢材力学性能不宜低于 Q235B，且应符合现行《碳素结构钢》（GB/T 700）等有关规定。

4.3.5.2 设计验算

1 高处作业水平通道应由设计制造单位进行设计验算。

2 高处作业水平通道的设计荷载应按实际使用要求确定，并应符合下列规定：

1) 整个通道区域应能承受不小于 $2kN/m^2$ 的均匀分布活荷载。在通道区域内中心距为1m，边长300mm正方形上应能承受不小于1kN集中荷载。

2）受弯构件容许挠度为跨度的1/150和10mm中的较小值。

3 高处作业水平通道可简化为简支梁进行计算；结构复杂的，宜建立三维模型计算。

4 应验算底部支撑梁和通道底板的强度、刚度和平台整体稳定性。

4.3.5.3 安装要求

1 高处作业水平通道的各构件之间应按照设计要求进行连接固定，应保证设计的结构强度。

2 高处作业水平通道各构件之间的连接和固定，构件与相邻构筑物之间的固定等应符合相关规范的规定。

3 高处作业水平通道安装后外观应符合下列要求：

1）通道钢梁应平直，各构件不得有歪斜、扭曲、变形、破损及其他缺陷；

2）通道底板应满铺、平整无明显错台。

4.3.5.4 使用维护

1 高处作业水平通道使用应符合下列基本要求：

1）应在明显位置标明允许负载值的限载牌及限定允许的作业人数，不得超重；

2）使用中严禁随意拆除任何构件。

2 高处作业水平通道使用过程中应每月不少于1次定期检查，应每日施工前、移动后检查稳固情况，并由专人进行日常维护。

4.4 高处作业平台

4.4.1 悬挑式作业平台

4.4.1.1 技术要求

1 悬挑式作业平台主要由支撑体系、平台底板、防护栏杆等组成，如图4-9所示。

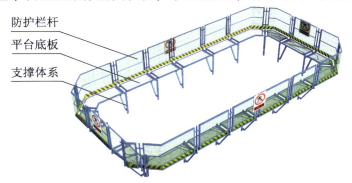

图4-9 悬挑式作业平台示意图

2 悬挑式作业平台的悬挑长度不宜大于5m。悬挑式作业平台到上方障碍物的垂直距离不宜小于2m，单人偶尔使用时垂直距离可适当减少，但不应小于1.9m。平台上作业场地的大小应充分考虑施工人员的作业安全。

3 悬挑式作业平台支撑体系应符合下列要求：

1）采用斜拉方式的悬挑式作业平台，平台两侧的连接吊环应与前后两道斜拉钢丝绳连接，每一道钢丝绳应能承载该侧所有荷载。当采用仅靠拉力的固定件时，其工作荷载系数应不小于1.5，设计时应考虑腐蚀和疲劳应力对固定件寿命的影响。

2）采用支承方式的悬挑式作业平台，应在钢平台下方设置不少于两道斜撑，斜撑的一端应支承在平台主结构钢梁下，另一端应支承在建筑物主体结构。

3）采用悬臂梁式的操作平台，其节点应采用螺栓或焊接的刚性节点。当平台板上的主梁采用与主体结构预埋件焊接时，预埋件、焊缝均应经设计计算，建筑主体结构应同时满足强度要求。

4 悬挑式作业平台底板应平整满铺，相邻板之间不得搭接且表面高度差不宜大于4mm；平台底板表面如有坡度应加设防滑条或采取其他防滑措施。悬挑式作业平台底板的外侧应略高于内侧。

5 悬挑式作业平台的所有敞开边缘应根据作业工序选择1.2m防护栏杆或1.5m防护栏杆，应符合本指南第4.1节的有关规定。宜选用固定式防护栏杆。

6 悬挑式作业平台选用的材料性能应符合下列要求：

1）采用悬臂梁式的操作平台，应采用型钢制作悬挑梁或悬挑桁架，不得使用钢管。

2）平台底板宜选用厚度不低于3mm花纹钢板，或经防滑处理的普通钢板，或冲孔钢板网，或其他等效结构的材料。

3）各构件选用的钢材力学性能不宜低于Q235B，且应符合现行《碳素结构钢》（GB/T 700）等有关规定。钢丝网、钢板网力学性能不应低于Q235，且应符合现行《安全网》（GB 5725），《钢板网》（GB/T 33275）等有关规定。

4.4.1.2 设计验算

1 悬挑式作业平台应由设计制造单位进行设计验算。

2 悬挑式作业平台荷载应按实际使用要求确定，并应不小于本条规定值：

1）整个平台区域应能承受不小于$2kN/m^2$均匀分布活荷载；在平台区域内中心距为1m，边长300mm正方形上应能承受不小于1kN集中荷载；

2）受弯构件容许挠度为跨度的1/150和10mm中的较小值；

3）风荷载计算应按现行《建筑结构荷载规范》（GB 50009）执行。

3 验算应按现行《建筑施工高处作业安全技术规范》（JGJ 80）执行。

4.4.1.3 安装要求

1 安装方式应符合下列要求：

1）悬挑式作业平台的各构件之间可视需要采用扣件、焊接、定型套管、螺栓、销轴等方式进行连接固定，应保证设计的结构强度。连接螺栓应紧固，并应采取防退扣措施。

2）支撑体系采用悬臂梁式时，其节点应采用螺栓或焊接的刚性连接。

3）支撑体系采用斜拉式时，作业平台应与支撑结构刚性连接，不应仅靠自重安装固定。

4）悬挑式操作平台的搁置点、拉结点、支撑点应设置在稳定的结构上，且应可靠连接。

2 悬挑式作业平台各构件之间、平台与支撑结构之间的连接固定等应符合相关规范的规定，且受力满足设计文件或方案的要求。

3 悬挑式作业平台安装后外观应符合下列要求：

1）平台钢梁应平直，各构件不得有歪斜、扭曲、变形、破损及其他缺陷；

2）平台底板应满铺、平整无明显错台，可靠固定。

4.4.1.4 使用维护

1 悬挑式作业平台使用应符合下列基本要求：

1）悬挑式作业平台投入使用时，应在平台的内侧设置标明允许负载值的限载牌及限定允许作业人数，不得超重；设备、材料在平台上应对称均匀放置，严禁超荷载或偏压堆放物料。

2）悬挑式作业平台在吊运、安装、移动前应清除平台上物料。吊运、安装、移动时应设置安全警戒区，严禁人员上下。

3）悬挑式作业平台应配备消防器材。

4）悬挑式作业平台使用中严禁随意拆除任何构件。

2 悬挑式作业平台使用过程中应每月不少于1次定期检查，移动前、安装后、每班登台工作前均应检查稳固情况，并由专人进行日常维护。

4.4.2 落地式作业平台

4.4.2.1 技术要求

1 落地式作业平台主要由支撑体系、钢斜梯、平台底板、防护栏杆、安全网等组成，如图4-10所示。

2 落地式作业平台高度不宜大于15m，高宽比不应大于3:1。每层作业平台到上方障碍物的垂直距离不应小于2m，单人偶尔使用时垂直距离可适当减少，但不应小于1.9m。平台上作业场地的大小应充分考虑施工人员的作业安全。

3 当用钢管搭设落地式作业平台时，其立杆间距和步距、剪刀撑、扫地杆等构造要求应符合现行《建筑施工脚手架安全技术统一标准》（GB 51210）的有关规定。当用型钢搭设时，构造要求应符合现行《钢结构设计标准》（GB 50017）的有关规定。

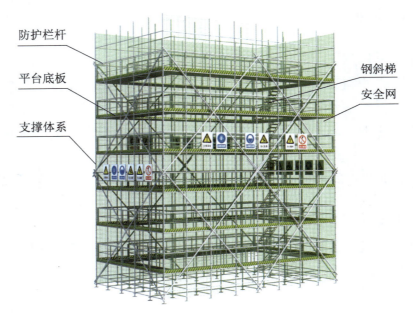

图 4-10 落地式作业平台

4 落地式作业平台用固定式钢斜梯应符合本指南第 4.3.1 节的有关规定。有钢丝网或钢板网防护的一侧可不设置扶手。

5 落地式作业平台底板应符合本指南第 4.4.1.1 条的有关规定。

6 每层作业平台所有敞开边缘均应设置高 1.2m，带挡脚板、安全网的防护栏杆，且应符合本指南第 4.1 节的有关规定。

7 落地式作业平台下方有人员及车辆通行或作业的，四周应用密目式阻燃安全立网封闭。

8 落地式作业平台基础宜采用混凝土硬化，硬化范围应大于支撑立杆外沿 500mm。

9 落地式作业平台基础所用混凝土强度应不小于 C20；各构件材料性能应符合本指南 4.4.1.1 条的有关规定。

4.4.2.2 设计验算

1 落地式作业平台应由设计制造单位进行设计验算。

2 落地式作业平台的设计荷载应按实际使用要求确定，并应不小于本条规定值：

1）整个平台区域应能承受不小于 $2kN/m^2$ 均匀分布活荷载；在平台区域内中心距为 1m，边长 300mm 正方形上应能承受不小于 1kN 集中荷载；

2）受弯构件容许挠度为跨度的 1/150 和 10mm 中的较小值；

3）落地式作业平台荷载效应的基本组合应按本指南第 4.3.4.4 条第 2 款的有关规定执行。

3 落地式作业平台验算应按现行《建筑施工脚手架安全技术统一标准》（GB 51210）或《钢结构设计标准》（GB 50017）执行。

4.4.2.3 安装要求

1 落地式作业平台的各构件之间可采用扣件、焊接、定型套管、螺栓、销轴等方式进行连接固定。

2 落地式作业平台应与构筑物进行刚性连接或设置连墙件等防倾覆措施，不得与其他临时结构物连接。连墙件设置应按本指南第4.3.4.2条第2款的有关规定执行。落地式作业平台宜一次搭设成型。

3 落地式工作平台应稳固，面板与支撑结构应连接牢固，悬臂板应采取有效的加固措施。

4 作业平台各构件之间的连接和固定，构件与地面基础之间的连接固定等应符合相关规范的规定，且受力满足设计文件或方案的要求。

5 作业平台安装后外观应符合下列要求：
1）平台钢梁应平直，各构件不得有歪斜、扭曲、变形、破损及其他缺陷；
2）平台底板应满铺、平整无明显错台，可靠固定；
3）地基应坚实平整，基础四周应有防排水设施。

4.4.2.4 使用维护

1 落地式作业平台使用应符合下列基本要求：

1）落地式作业平台投入使用时，应在平台的内侧设置标明允许负载值的限载牌并限定允许作业人数，不得超重；设备、材料在平台上应对称均匀放置，严禁超荷载或偏压堆放物料；

2）落地式作业平台出入口宜设置警示、隔离类设施进行围蔽，禁止无关人员、车辆入内；

3）落地式作业平台醒目位置应张贴悬挂安全使用规程，夜间施工上下道口时应设置警示灯；

4）落地式作业平台严禁用作其他设施设备的架体；

5）落地式作业平台使用中严禁随意拆除任何构件；

6）落地式作业平台基础下不得进行挖掘作业；当因施工需要在基础附近进行挖掘作业时，应对架体采取加固措施；

7）落地式作业平台应配备消防器材。

2 落地式作业平台使用过程中应由专人进行日常维护，应每月不少于1次定期检查，检查项目应符合下列规定：

1）主要受力杆件、剪刀撑等加固杆件、连墙件应无缺失、无松动，架体应无明显变形；

2）场地应无积水、地基无明显变形，立杆底端应无松动、无悬空；

3）安全防护设施应齐全、有效、无损坏缺失；

4）使用过程中若出现6级及6级以上强风、洪水或大雨浸泡、冻结的地基土解冻、停用超过1个月、架体部分拆除等特殊情况，必须进行检查，确认安全后方可继续使用。

3 落地式作业平台的拆除应按本指南第4.3.4.3条的有关规定执行。

4.4.3 移动式作业平台

4.4.3.1 技术要求

1 移动式作业平台主要由支撑体系、平台底板、防护栏杆、钢直梯、滚轮等组成，如图4-11所示。

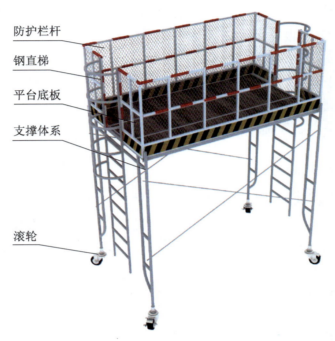

图4-11 移动式作业平台示意图

2 移动式作业平台面积不宜大于10m²，高度不宜大于5m，高宽比不应大于2:1。

3 支撑体系宜采用桁架或刚架结构。部分为悬挑式平台时，支撑体系应符合本指南第4.4.1节的有关规定。

4 平台底板和栏杆应符合本指南第4.4.1.1条的有关规定。

5 钢直梯应符合本指南第4.3.3条的有关规定。

6 移动式作业平台立柱底端高出地面不宜超过80mm，行走轮和导向轮应配有制动器或刹车闸等制动措施。

7 移动式作业平台各构件材料性能应符合本指南第4.4.1.1条的有关规定。

4.4.3.2 设计验算

1 移动式作业平台应由设计制造单位进行设计验算。

2 移动式作业平台荷载应根据实际使用要求确定，并应不小于下列要求：

1) 整个平台区域应能承受不小于2kN/m²均匀分布活荷载；在平台区域内中心距

为1m，边长300mm正方形上应能承受不小于1kN集中荷载；

　　2）受弯构件容许挠度为跨度的1/200和10mm中的较小值；

　　3）移动式作业平台底部横梁间距应满足荷载设计要求；

　　4）移动式作业平台行走轮的承载力应满足荷载要求，且不应小于5kN，制动力矩应满足荷载要求，且不应小于2.5N·m。

　3 验算应按现行《建筑施工高处作业安全技术规范》（JGJ 80）执行。

　4 移动式作业平台的整体结构应通过承载力、刚度、稳定性试验。

4.4.3.3　安装要求

　1 移动式作业平台的各构件之间可采用扣件、焊接、定型套管、螺栓、销轴等方式进行连接固定。移动式作业平台的滚轮与平台架体宜通过螺栓连接。

　2 移动式作业平台的基础应坚实平整。

　3 移动式作业平台各构件之间的连接和固定，构件与地面基础之间的连接固定等应符合相关规范的规定，且受力满足设计文件或方案的要求。

　4 移动式作业平台安装后外观应符合下列要求：

　　1）平台钢梁应平直，各构件不得有歪斜、扭曲、变形、破损及其他缺陷；

　　2）平台底板应满铺、平整无明显错台，可靠固定。

4.4.3.4　使用维护

　1 移动式作业平台使用应符合下列基本要求：

　　1）移动式作业平台投入使用时，应在平台的内侧设置标明允许负载值的限载牌并限定允许作业人数，不得超重；设备、材料在平台上应对称均匀放置，严禁超荷载或偏压堆放物料；

　　2）移动式作业平台使用时，到上方障碍物的垂直距离不应小于2m，单人偶尔使用时垂直距离可适当减少，但不应小于1.9m；

　　3）移动式作业平台移动前应清除平台上物料，移动时作业平台上不得站人；

　　4）移动式作业平台制动器除在移动情况外，均应保持制动状态，制动力不足时可采取木楔等辅助措施；

　　5）严禁随意拆除移动式作业平台上的任何构件；

　　6）移动式作业平台使用时，基础应坚实平整，且应满足承载力要求。

　2 移动式作业平台使用过程中应每月不少于1次定期检查，每次移动、登高前均应检查支腿及制动器等固定情况，应由专人进行日常维护。

5 临时工程

5.1 钢栈桥

5.1.1 一般规定

5.1.1.1 钢栈桥安全防护设施主要包括防护栏杆、护轮坎、防船撞设施，如图5-1所示。

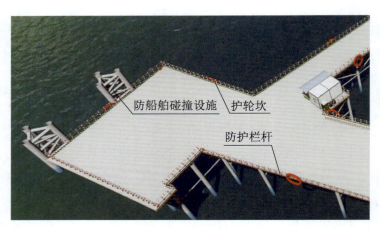

图5-1 钢栈桥施工示意图

5.1.1.2 钢栈桥应设置栈桥门禁系统、限速减速装置、夜间航行警示装置，并应配置救生圈、消防器材等应急救生设施设备。通航水域钢栈桥应按照要求设置限载、限速标志，航行警示警告标志。

5.1.1.3 钢栈桥在施工及使用过程中，需按照以下要求设置相应安全防护设施：
1 上承式钢栈桥两侧应设置高度不低于1.2m的防护栏杆，且25m配置一个救生圈；
2 行车道两侧宜设置连续的护轮坎；
3 通航水域钢栈桥安装和使用阶段应设置防船撞设施，包括独立式防撞墩、警示灯等。

5.1.1.4 钢栈桥施工中，防护栏杆应符合本指南第4.1.1节的有关规定。

5.1.2 护轮坎

5.1.2.1 技术要求

1 护轮坎主要由面板、底板、加劲肋等组成，如图 5-2 所示。

图 5-2 护轮坎示意图

2 护轮坎断面形状可采用直角形、外坡形或内坡形，其边角应修圆。
3 护轮坎高度宜为 250mm～350mm，底部宽度宜为 300mm～400mm。
4 护轮坎宜采用钢结构。
5 护轮坎宜采用钢板护角，断开的端部可采用圆弧形钢板全包防护。
6 护轮坎应使用安全警示色，并符合相关规范的规定。

5.1.2.2 安装要求

1 护轮坎与栈桥面的焊接、螺栓连接等应符合现行《钢结构设计标准》（GB 50017）、《钢结构工程施工质量验收标准》（GB 50205）等有关规定，安装后应满足车辆防撞承载力。
2 护轮坎安装后外观应符合下列要求：
1）切割部位应锉平磨光，边缘整齐；
2）护轮坎安装后不得歪斜、扭曲、变形；
3）安全警示色和防锈漆涂层应均匀、牢固，无明显的堆漆、漏漆等缺陷。

5.1.2.3 使用维护

1 应定期检查安全色、反光标志等。

5.1.3 独立式防撞墩

5.1.3.1 技术要求

1 独立式防撞墩宜采用钢管桩群桩，由钢管桩、平联、斜撑等组成，如图 5-3 所示。
2 独立式防撞墩应设置在迎船面，钢管桩桩顶应高于设计最高水位。
3 钢管桩之间应采用钢管平联、斜撑连接，可灌注水下混凝土以增加稳定性。
4 独立式防撞墩宜设置橡胶护舷，宜根据潮汐水位分层设置。

5 独立式防撞墩应设警示标识，夜间警示灯。

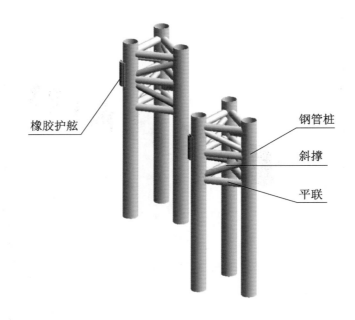

图 5-3　独立式防撞墩示意图

5.1.3.2　设计验算
1　应由主体结构设计单位进行独立式防撞墩的设计验算。
2　船舶撞击力标准应根据航道等级、水流速度、船舶类型选择。
3　应建立有限元模型验算独立式防撞墩受船舶撞击下的强度及变形。

5.1.3.3　安装要求
1　应按照专项设计方案中的数量、间距、入土深度等安装钢管桩。
2　独立式防撞墩的钢管桩可通过打桩船施打，沉放标准应满足设计要求的入土深度及最终贯入度。
3　独立式防撞墩平联、斜撑与钢管桩应在钢管桩沉放到位后及时连接，连接应采用焊接形式，且应符合相关规范的规定。

5.1.3.4　使用维护
1　应每月检查独立式防撞墩的冲刷深度，洪水期应每日检查。当冲刷深度超过设计值时应采取措施进行加固。
2　独立式防撞墩应在成桥以后拆除，其拆除顺序与搭设相反。钢管桩可利用振动锤拔出。
3　拔除钢管桩后，应根据航道部门要求对桩塘进行处理。

5.2 两区三厂

5.2.1 一般规定

5.2.1.1 两区三厂安全防护设施主要包括缆风绳、起重机防风装置、轨道端部止挡、移动式钢斜梯、钢直梯、围栏、张拉防护挡板、防晒防雨类防护棚、防雷设施等，如图5-4所示。

图 5-4　两区三厂示意图

5.2.1.2 两区三厂施工中，应按下列要求设置安全防护设施：

1　缆风绳可作为活动板房、钢筋加工厂顶棚等轻钢结构、储料仓、储料罐等高耸结构，室外起重机械等的抗风措施；高度超过30m的机械不应采用缆风绳作为抗风措施，应进行专门的抗风措施设计。

2　室外工作的门式起重机应装抗风防滑装置。

3　门式起重机应装轨道端部止挡。

4　坠落高度基准面2m及以上施工区域的上下通道宜采用移动式钢斜梯。

5　塔式、门式、桥式起重机械、沥青罐、储料罐等设施的检修通道应使用钢直梯。

6　厂区功能分区，沥青罐、燃油罐、天然气、易燃易爆气体等存储区，污水处理池、蓄水池等水池，变压器、室外配电柜（一级）、塔式起重机、空压机站等危险区域应使用围栏。

7　预应力张拉作业应使用张拉防护挡板。

8　气瓶临时存储区应设置防晒防护棚；室外使用的钢筋对焊机、电焊机等设备应设置防雨防护棚。

9　拌和及起重设备应设置防雷设施。

5.2.1.3 两区三厂施工中，防晒防雨类防护棚、移动式钢斜梯、钢直梯应分别符合本指南第 4.2.2 节、第 4.3.2 节、第 4.3.3 节的有关规定。

5.2.2 缆风绳

5.2.2.1 技术要求

1 缆风绳主要由钢丝绳、地锚、吊环、紧索装置等组成，如图 5-5 所示。

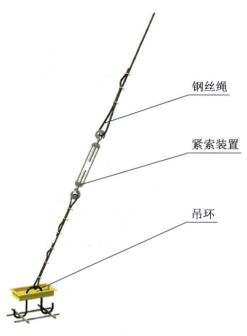

图 5-5 缆风绳示意图

2 缆风绳应对称布置，预紧力相等，与水平面夹角宜在 45°～60°。

3 钢丝绳应符合下列要求：

1）钢丝绳直径不应小于 9.3mm，安全系数不应小于 3.5；

2）钢丝绳末端应使用绳夹连接固定，绳夹连接时须满足表 5-1 的要求，每个绳夹的间距为 6～7d（d 为钢丝绳直径），最后一个绳夹距绳端的长度不应小于 140mm；绳夹夹座应在钢丝绳承载时受力的一侧，U 形螺栓应在钢丝绳的尾端，不得正反交错；绳夹宜拧紧到使两绳直径高度降低 1/3；

钢丝绳夹连接安全要求　　表 5-1

钢丝绳公称直径 d（mm）	≤18	(18, 26]	(26, 36]	(36, 44]	(44, 60]
钢丝绳夹最少数量（组）	3	4	5	6	7

3）钢丝绳底部宜设置套管。

4 地锚分为全埋式和半埋式。

5 吊环宜呈"几"字形预埋入地锚并应焊接或绑扎在地锚钢筋骨架上，预埋深度不宜小于 30d（d 为吊环钢筋或圆钢的直径）。禁止不使用吊环直接将钢丝绳埋入混凝土地锚内部。

6 缆风绳应设置紧索装置，可采用花篮螺栓。

7 缆风绳选用的材料性能应符合下列要求：

1）地锚宜采用钢筋混凝土制作，混凝土强度等级宜不低于 C30，锚筋应采用 HRB400 或 HPB300 钢筋，不应采用冷加工钢筋；

2）吊环应采用未经冷加工的 HPB300 钢筋或 Q235B 圆钢，规格应不小于 $\phi20$ 圆钢；

3）套管宜采用 PVC（聚氯乙烯）管。

8 套管、地锚应使用安全警示色，并符合相关规范的规定。

5.2.2.2 设计验算

1 缆风绳应由使用单位根据设计结果选用。

2 缆风绳所承受风荷载应综合考虑风力、风向、设备形状尺寸、支承条件、构件或设备本身刚度、强度等，荷载计算应按《建筑结构荷载规范》（GB 50009）"风荷载"执行。

3 缆风绳可简化为杆件进行建模计算。

4 验算内容包括构件或设备连接处变形与强度；地锚尺寸、埋置深度；缆风绳的数量、直径、固定位置，吊环应力等。

5.2.2.3 安装要求

1 缆风绳与吊环之间宜采用花篮螺栓连接，花篮螺栓强度应与缆风绳强度相匹配。

2 缆风绳各构件之间的连接和固定，地锚固定等应符合相关规范的规定，且受力满足设计文件或方案的要求。

3 缆风绳安装后外观应符合下列要求：

1）钢丝绳的磨损、断丝不得超标；

2）钢丝绳与预埋吊环应牢固连接，地锚混凝土不应有蜂窝、麻面等病害；

3）安全警示色、防锈漆涂层应均匀、牢固，无明显的堆漆、漏漆等缺陷。

5.2.2.4 使用维护

1 缆风绳使用应符合下列基本要求：

1）缆风绳不得随意拆除，暂时解除连接时应增设临时防护设施；当遇有内陆 8 级或海上 12 级以上大风时，应提前检查缆风绳设施。

2）绳夹在受载一、二次后应做检查，并视情况进一步拧紧。紧固绳夹时须考虑每个绳夹的合理受力，离套环最远处的绳夹不得首先单独紧固。离套环最近处的绳夹（第一个绳夹）应尽可能地紧靠套环，但仍须保证绳夹的正确拧紧，不得损坏钢丝绳的外层钢丝。

2 缆风绳的维护应按照现行《起重机 钢丝绳 保养、维护、检验和报废》

（GB/T 5972）执行。

5.2.3 门式起重机抗风防滑装置

5.2.3.1 技术要求

1 应按照起重机使用说明配备夹轨器、防风铁楔等。台风或突风影响地区，应设缆风绳。夹轨器、防风铁楔如图5-6、图5-7所示。

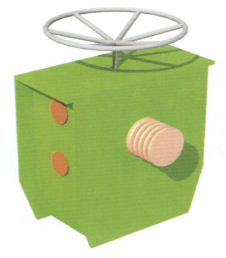

图5-6 夹轨器示意图　　　　图5-7 防风铁楔示意图

2 台风多发地区宜采用液压式夹轨器及机械式夹轨器的组合。

3 防风铁楔应采用楔形设计，楔形舌尖应能插入车轮踏面和轨道顶面之间。防风铁楔宜选用型钢材料，连接强度需满足结构设计要求。

4 应在防风装置附近的醒目位置张贴、悬挂安全警示标识标牌和相应安全使用规程。

5 起重机防风装置采用缆风绳时，应符合本指南5.2.2节的有关规定。

5.2.3.2 安装要求

1 夹轨器安装后，各节点应转动灵活，夹钳、连杆、弹簧、螺杆和闸瓦不应有裂纹和变形。夹轨器工作时，闸瓦应在轨道的两侧加紧，钳口的开度应符合随机技术文件的规定，张开时不应与轨道相碰。

2 起重机防风装置安装后不得有歪斜、扭曲、变形、破损及其他缺陷。

5.2.3.3 使用维护

1 起重机防风装置使用应符合下列基本要求：

1）应遵照制造商提供的维护手册并在安全工作制度下对起重机械防风装置进行所有必要的维护；

2）门式起重机停止使用时，应锁紧夹轨器，安装防风铁楔；

3）缆风绳不得随意拆除。

2 在每次换班或每个工作日的开始，应检查防风锚定装置（固定时）的安全性。

5.2.4 轨道端部止挡

5.2.4.1 技术要求

1 轨道端部止挡主要由前挡板、斜撑、底座组成，如图 5-8 所示。

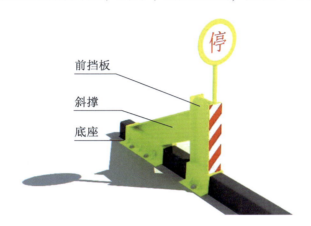

图 5-8 轨道端部止挡示意图

2 立柱宜高出轨道顶面不小于 500mm，斜撑与轨道面夹角宜为 30°。

3 轨道端部止挡上应安装行程限位触发装置，前挡板宜安装缓冲橡胶垫板。

4 轨道端部止挡宜采用工字钢，且应满足抗冲击要求。其钢材力学性能不宜低于 Q235B，且应符合现行《碳素结构钢》（GB/T 700）等有关规定。

5 轨道端部止挡应使用具有夜间反光效果的安全警示色，并符合相关规范的规定。

5.2.4.2 设计验算

1 应由门式起重机设计单位进行轨道端部止挡的设计验算。
2 荷载计算应按现行《起重机设计规范》（GB/T 3811）执行。
3 轨道端部止挡验算应按现行《钢结构设计标准》（GB 50017）执行。
4 应验算各构件的强度、焊缝强度、螺栓连接强度等。

5.2.4.3 安装要求

1 轨道端部止挡各构件之间应采用焊接进行牢固可靠的连接固定。轨道两端的车挡应在吊装起重机前安装好，同一跨端轨道上的车挡与起重机的缓冲器均应接触良好。

2 轨道端部止挡与轨道基础之间宜采用螺栓连接，并应采用防松脱垫片。

3 轨道端部止挡各构件之间的焊接、螺栓连接应符合《钢结构工程施工质量验收标准》(GB 50205)、《钢结构焊接规范》(GB 50661)、《紧固件机械性能 螺栓、螺钉和螺柱》(GB/T 3098.1) 等有关规定。

3 轨道端部止挡安装后外观应符合下列要求：

1) 各构件不得歪斜、扭曲、变形；

2) 安全警示色、防锈漆涂层应均匀、牢固，无明显的堆漆、漏漆等缺陷。

5.2.4.3 使用维护

1 应每周1次检查轨道端部止挡，或按制造商规定的检查周期和根据起重机械的实际使用工况制定检查周期进行检查。

5.2.5 围栏

5.2.5.1 技术要求

1 围栏主要由横杆、立柱、基础、围蔽挡板等组成，如图5-9所示。

图 5-9 围栏示意图

2 围栏内应留有不小于 1m 的巡视或检修通道。

3 沥青罐、燃油罐、易燃易爆气体等存储区的围栏应符合《建筑设计防火规范》(GB 50016) 等相关规范要求。

4 变压器、室外配电柜（一级）等机电设备应设置不低于 1.7m 高的围栏，并应在明显位置悬挂警示标识；用于塔式起重机基础隔离的围栏的上横杆距地高度不应小于 1.8m；其他固定式围栏的上横杆高度可根据有关规定或实际需要确定。

5 用于厂区功能分区的围栏宜设置围蔽挡板。围蔽挡板应符合以下要求：

1) 围蔽挡板高度不宜超过 2.5m，当高度超过 1.5m 时，宜设置斜撑，斜撑与水平地面的夹角宜为 45°；

2) 设置围蔽挡板时，立柱间距不宜大于 3.6m；

3) 围蔽挡板与地面之间应保持 20mm~50mm 的间距；

4) 围蔽挡板应满足承载力、抗风性、稳定性等要求。

6 围栏各构件的材料应符合下列要求：

1) 横杆、立柱宜采用型钢或钢管；

2) 围蔽挡板可采用彩钢板、夹心板等。

5.2.5.2 安装要求

1 应使用螺栓连接横梁与立柱。彩钢板与横梁之间应采用铆钉或螺栓连接，间距不宜大于200mm。

2 围栏的各构件之间的连接和固定，与基础的固定等应符合现行规范规定，受力满足设计文件或方案的要求。

3 围栏安装后外观应符合下列要求：

1) 表面应光洁，无毛刺、焊渣及明显锤痕等外观缺陷；

2) 安全警示色、防锈漆涂层应均匀、牢固，不得有明显的堆漆、漏漆等缺陷。

5.2.5.3 使用维护

1 围栏两侧堆放材料、机具等不得影响围栏的稳定和功能。

2 围栏的醒目位置应张贴、悬挂危险警示标识。

3 应定期检查围栏的安全警示色、反光标等。

5.2.6 张拉防护挡板

5.2.6.1 技术要求

1 张拉防护挡板主要由主体框架、防护板等组成，如图5-10所示。

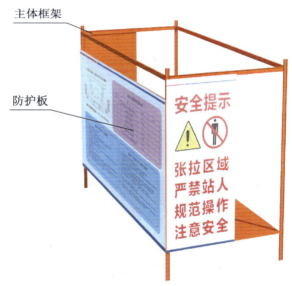

图 5-10 防护挡板示意图

2 主体框架主要包括横杆、立杆、斜撑等，主体框架上方宜预留钢环，便于吊装移动。主体框架应高出最上一组张拉钢筋不小于0.5m，宽出张拉端两侧不小于1m。

3 防护板包括背板和侧板，宜包括内层板和外层板。

4 张拉防护挡板可采用轮式装置移动，底部四角安装滚轮应为带制动装置的万向轮。

5 张拉防护挡板选用的材料性能应符合下列要求：

1）主体框架宜采用型钢制作，且应满足强度、刚度和稳定性要求；

2）防护板内层宜采用为不小于30mm厚的木质板，外层宜为厚度不小于3mm的钢板。

5.2.6.2 安装要求

1 张拉防护挡板各构件之间连接可采用焊接或栓接方式，防护板可采用铆钉或螺栓固定连接在主体框架上。

2 张拉防护挡板宜固定在台座预埋件上。

3 张拉防护挡板安装后，各构件不得有明显的歪斜、扭曲、变形、破损及其他缺陷。

5.2.6.3 使用维护

1 张拉防护挡板使用过程中应定期进行检查主体框架和防护板的完整性等。

5.3 跨线施工

5.3.1 一般规定

5.3.1.1 现浇支架跨线施工安全防护设施主要包括防物体打击类防护棚、防撞桶、防撞墩、限高架、安全平网等，如图5-11所示。预制拼装跨线施工安全防护设施主要包括防物体打击类防护棚、防撞桶、防撞墩、安全平网等。挂篮跨线施工安全防护设施主要包括全封闭吊篮等，如图5-12所示。

图5-11 现浇支架跨线施工示意图

图 5-12 挂篮跨线施工示意图

5.3.1.2 跨线施工中，应按下列要求设置安全防护设施：

1 车辆与施工现场固定设施易发生碰撞处应设置防撞桶，如跨路施工防护棚基础端头、跨线及路面施工交通管制等区域。

2 防护棚或支架等设施、施工便道临边处应设置防撞墩。

3 作业可能坠落半径内的施工区域应设置防物体打击类防护棚作为通道。

4 现浇支架及防物体打击防护棚应设置限高架。

5 挂篮跨线施工宜使用全封闭吊篮。

6 施工作业面底部应悬挂安全平网。

5.3.1.3 跨线施工安全防护设施组合的技术要求

1 跨线施工的防物体打击类防护棚与防撞墩宜组合。

2 拟组合的安全防护设施应视组合形式预留所需的接口。

5.3.1.4 跨线施工安全防护设施组合的安装要求

1 防物体打击类防护棚与防撞墩组合时，应进行牢固的组合安装。

2 防物体打击类防护棚的立柱与防撞墩宜采用预埋方式组合。

5.3.1.5 安全平网应符合现行《安全网》（GB 5725）等有关规定。

5.3.2 防物体打击类防护棚

5.3.2.1 预制拼装跨线施工或挂篮跨线施工时，防物体打击类防护棚除应符合本指南第 4.2.1 条有关规定外，尚应符合下列规定：

1　防物体打击类防护棚基础应设置在所跨路线防撞护栏外侧；下方道路无防撞护栏时，宜与防撞墩组合构成防撞墙式基础。

2　防物体打击类防护棚警示灯夜间应持续亮灯。

5.3.2.2　现浇支架跨线施工时，防物体打击类防护棚除应符合本指南第 4.2.1 条有关规定外，尚应符合下列规定：

1　应利用模板支撑架的门洞结构作为立柱和棚架，门洞结构的搭设应按照《建筑施工碗扣式钢管脚手架安全技术规范》（JGJ 166）相关规定进行。

2　门洞立杆应采用防撞墙式基础。

3　门洞上方作业区域应采用木板或其他硬质材料全封闭，两侧应设置防护栏杆和密目式阻燃安全立网。

4　防护棚入口前应连续设置 3 次限高警告，条件受限时，不应小于 2 次；各次警告之间应保持一段距离，并应能保证超高车辆及时分流，最后一次应为硬杆型的防撞限高架。

5　警示灯夜间应持续亮灯。

6　防护棚拆除前应制定并落实交通管制方案。

5.3.3　防撞桶

5.3.3.1　技术要求

1　防撞桶主要由桶盖、桶身、横隔板、反光膜、配载物等组成，如图 5-13 所示。

图 5-13　防撞桶示意图

2　防撞桶的直径应为 900mm，高应为 950mm，壁厚不应小于 6mm。

3　防撞桶桶身为圆柱形，外表颜色为黄色，为中空形式。防撞桶应有泄气孔，下部可设置排泄口。防撞桶桶身可设计结构件加固。

4　防撞桶内部应设置横隔板，放置水、砂等配载物；横隔板的强度应能承受配载物的自重；加装配载物竖直放置时，配载物不能有内部和外向泄漏。防撞桶装载的水、砂等配载物不宜小于其内部容积的90%。

5 防撞桶外反光膜的单条宽度不应小于50mm，连续长度不应小于100mm，反光膜颜色和长度可根据实际情况调整，其外形尺寸允许偏差为+0.5%。

6 防撞桶选用的材料性能应符合下列要求：

1）防撞桶桶盖、桶身、横隔板所用材料为聚乙烯、聚丙烯或其他类型合成树脂为原材料的塑料或硫化橡胶或热塑橡胶等；

2）外贴反光膜等级为二级及二级以上。

5.3.3.2 设计验算

1 防撞桶应由设计制造单位进行设计及试验。

2 防撞桶性能试验应按现行《公路防撞桶》（GB/T 28650）执行。

5.3.3.3 安装要求

1 桶盖与桶身可通过自身丝扣或自攻螺丝固定。

2 防撞桶应布设在固定设施或施工区域来车方向的正前方，防撞桶与固定设施或施工区域之间的距离宜为0.5m~2m。

3 防撞桶安装后外观应符合下列要求：

1）表面不得有裂纹及明显的划痕、凹痕、损伤、颜色不均或变形；

2）反光膜表面应无皱纹、开裂、边缘翘曲、变形等缺陷。

5.3.3.4 使用维护

1 防撞桶使用应符合下列基本要求：

1）防撞桶不得随意拆除、挪用或弃置不用；

2）水、砂等配载物小于防撞桶内部容积的90%时，应及时加水或加砂；

3）防撞桶表面污染物应及时清理。

2 应每日巡查防撞桶的外观及位置，发生移位时应及时恢复，严重破损时应及时更换。

5.3.4 防撞墩

5.3.4.1 技术要求

1 防撞墩主要由墩身、基础等组成，如图5-14所示。

2 防撞墩可设置成矩形，宽度不宜小于300mm，高度不宜小于950mm，相邻防撞墩间距应满足防止车辆冲出的需要。

3 防撞墩墩身表面宜采用反光膜及安全警示色。

4 防撞墩基础应坚实牢固，且应满足承载力要求。用于现浇支架跨线施工门洞立杆的基础时，防撞墩应使用扩大式基础，并应满足防撞要求。

5 防撞墩宜采用强度不低于 C30 的钢筋混凝土结构。

图 5-14 防撞墩示意图

5.3.4.2 安装要求

1 防撞墩宜采用埋设固定。便道场地受限位置的防撞墩无法埋设牢固的，应结合现场实际预埋钢筋加固连接。

2 防撞墩与基础之间的连接和固定，混凝土制作等应符合现行《混凝土结构设计规范》（GB 50010）、《混凝土结构工程施工质量验收规范》（GB 50204）、《钢筋机械连接技术规程》（JGJ 107）等有关规定，且受力满足设计文件或方案的要求。

3 防撞墩安装后外观应符合下列要求：

1）表面应无裂纹或明显的损伤或变形；

2）反光膜表面应无皱纹、开裂、边缘翘曲、变形等缺陷，安全警示色应清晰、醒目。

5.3.4.3 使用维护

1 防撞墩表面污染物应及时清理。

2 应定期检查防撞墩与公路建筑限界距离，以及安全警示色、反光标等。

5.3.5 全封闭吊篮

5.3.5.1 技术要求

1 全封闭吊篮由底部封闭平台、底部支撑和安全网等组成，如图 5-15 所示。

2 底部封闭平台步行板宽度不应小于 600mm。平台应使用高度不小于 1.2m 的钢板围挡封闭四周，高度不宜小于 1.2m，厚度不宜小于 2mm。

3 底部支撑应采用纵梁加横梁的组合结构，并锚固在挂篮悬吊系统上。

4 全封闭吊篮四周应用槽钢或钢筋焊接成安全网的骨架，并在端部与底部封闭平台、挂篮焊接固定。安全网应与骨架牢固连接，网孔不应大于 10mm×10mm，安全网高度宜高于桥面 2m。

5 全封闭吊篮必须设置排水系统。平台底板铺设时应设置横坡，并在最低处设置

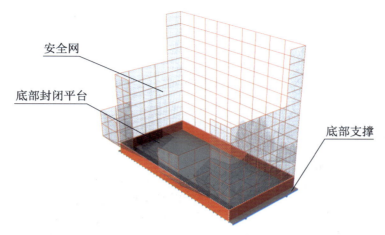

图 5-15 全封闭吊篮示意图

集水槽、泄水孔，泄水孔应用安全网封闭。桥下不允许排水时，应在集水槽底部安装排水管，将水抽至桥面排出。

6 全封闭吊篮选用的材料性能应符合下列要求：

1）底部封闭平台底板宜选用厚度不低于3mm花纹钢板或经防滑处理的普通钢板或其他等效结构的材料；底部支撑宜选用型钢；钢材力学性能不应低于Q235B，且应符合现行《碳素结构钢》（GB/T 700）等有关规定；

2）安全网应选用双层钢丝网，钢丝直径不宜小于1mm，力学性能不应低于Q235。

5.3.5.2 设计验算

1 全封闭吊篮应由设计制造单位进行设计验算，并应与挂篮、模板一同设计验算。

2 全封闭吊篮的恒载应计入挂篮永久荷载，集水槽积水应计入挂篮可变荷载。风荷载应按《建筑结构荷载规范》（GB 50009）"风荷载"执行。

3 验算应按《桥梁悬臂浇筑施工技术标准》（CJJ/T 281）执行。

5.3.5.3 安装要求

1 全封闭吊篮各构件之间可视需要采用焊接、螺栓等方式进行连接固定，应保证设计的结构强度。

2 组装好的全封闭吊篮，各施工作业面四周及底部均应封闭，不得留有大于10mm×10mm的空隙。

5.3.5.4 使用维护

1 仅一侧使用全封闭吊篮时，应在另一侧挂篮增加配重。

2 全封闭吊篮作业期间，应每日清理篮内杂物，保持泄水孔或排水管畅通。

3 拆除时应先拆除钢丝网及骨架防护系统、底部封闭平台，再拆除模板及挂篮，拆除时应两端对称进行。

5.3.6 限高架

5.3.6.1 技术要求

1 限高架分为警示限高架和防撞限高架两类。限高架主要由横杆、立柱、基础、标志等组成。警示限高架、防撞限高架如图 5-16、图 5-17 所示。

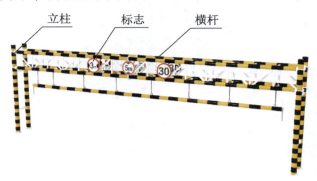

图 5-16 警示限高架示意图

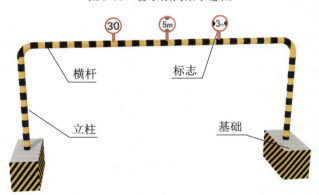

图 5-17 防撞限高架示意图

2 现浇支架跨线施工时，沿车行方向应先设置警示限高架，再设置防撞限高架。限高架横杆下缘高度应与防物体打击防护棚下缘高度一致，可根据需要设计为高度可调节的结构。限高架不得影响消防和卫生急救等应急通行需要。警示限高架与现浇支架的设置应考虑制动距离及运行速度的关系，具体要求见表 5-2。

制动距离及运行速度的关系　　　　表 5-2

运行速度（km/h）	20	30	40	50	60	70	80	90	100
制动距离（m）	7.6	12.7	19	26.2	34.4	43.5	53.7	64.9	77

3 警示限高架横杆应使用悬挂的水平横杆等对车辆不造成损坏的柔性结构。防撞限高架横杆应采用具有足够强度的硬杆型防撞门架。

4 限高标志应放置在驾驶人员和行人最容易看到，并能准确判读的醒目位置，可直接安装在限高架横杆正中央或前进方向的右侧。

5 限高架选用的材料性能应符合下列要求：

1）横杆、立柱宜采用型钢、钢桁架等结构，力学性能不应低于 Q235B 或选用其他力学性能不低于 Q235B 的等效材料；

2）基础宜采用强度不低于 C25 的钢筋混凝土结构。
6 限高架应设置黄黑相间的立面标记，立面标记宜采用反光膜。

5.3.6.2 设计验算
1 限高架应由设计制造单位进行设计验算。
2 防撞限高架的汽车碰撞荷载应按现行《公路交通安全设施设计细则》（JTG/T D81）执行。
3 限高架宜建立三维模型计算。
4 应验算破坏模式、立柱稳定性、地基承载力等。

5.3.6.3 安装要求
1 限高架各构件之间可采用焊接、栓接等方式连接固定；立柱宜采用焊接或栓接方式将底座与基础垫块预埋件连接固定，形成整体承重体系。连接固定方式应符合相关规范的规定。
2 限高架安装后外观应符合下列要求：
1）各构件安装后不得有歪斜、扭曲、变形、破损及其他缺陷；
2）基础底部应坚实平整，排水通畅；
3）安全警示色、防锈漆涂层应均匀、牢固，不得有明显的堆漆、漏漆等缺陷。

5.3.6.4 使用维护
1 应定期检查限高架距路面的高度，以及安全警示色、反光标等。
2 限高架下缘距路面的高度应不小于限高标志的限高数值，安全警示色、反光标脱落时应及时修复。

6 桥梁工程

6.1 钻（挖）孔灌注桩

6.1.1 一般规定

6.1.1.1 人工挖孔桩施工安全防护设施主要包括防护栏杆、软爬梯、防护盖板、通风装置、气体浓度检测仪器，如图6-1所示。钻孔灌注桩施工安全防护设施主要包括防护栏杆、防护盖板。

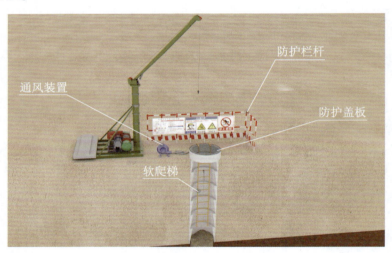

图6-1 人工挖孔桩施工示意图

6.1.1.2 钻（挖）孔灌注桩施工中，应按下列要求设置安全防护设施：
1 人工挖孔作业时，应使用并备用1套通风设备。
2 人工挖孔作业时，应配备气体浓度检测仪器。
3 人工挖孔桩施工人员上下通道应使用软爬梯，安全绳应系在孔口。
4 泥浆池周围应设置1.2m防护栏杆；停止施工时，钻（挖）孔灌注桩施工作业区的围护应使用1.2m防护栏杆。
5 停止施工时，孔口应使用防护盖板。

6.1.1.3 钻（挖）孔灌注桩施工中，钢直梯应符合本指南第4.3.3节的有关规定。

6.1.2 防护盖板

6.1.2.1 技术要求：
1 防护盖板主要由底板组成，如图6-2所示。

图6-2 防护盖板示意图

2 防护盖板直径应不小于桩径加200mm。
3 防护盖板宜选用钢筋网片、钢板、木板等材料。采用钢筋网片时，网格间距不应大于150mm，钢筋直径不宜小于16mm。

6.1.2.2 设计验算：
1 防护盖板应由使用单位根据设计或试验结果选用。
2 防护盖板四周固定时应能承受不小于1kN的垂直荷载。

6.1.2.3 安装要求：防护盖板四周应与护圈固定，防止移位。

6.1.2.4 使用维护：
1 防护盖板上严禁站人或堆放物料。
2 防护盖板使用前应进行检查，不符合要求的不得使用。

6.1.3 防护栏杆

6.1.3.1 停止施工的钻、挖孔桩，防护栏杆上夜间应悬挂示警红灯。防护栏杆应符合本指南第4.1节的有关规定。

6.2 基坑施工

6.2.1 一般规定

6.2.1.1 基坑施工安全防护设施主要包括防护栏杆、钢直梯、钢斜梯、人行塔梯，如图 6-3 所示。

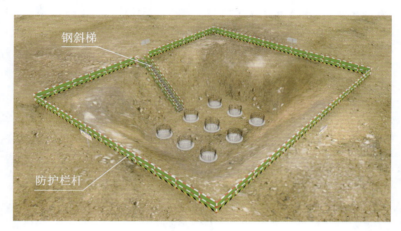

图 6-3 基坑施工示意图

6.2.1.2 基坑施工中，应按下列要求设置安全防护设施：
1 基坑边沿应设置防护栏杆。
2 基坑施工应设置上下坡道、钢直梯、钢斜梯或人行塔梯作为人员上下通道；深基坑内上下通道数量不应少于 2 个。

6.2.1.3 基坑施工中，钢斜梯、钢直梯、人行塔梯应符合本指南第 4.3.1、4.3.3、4.3.4 节的有关规定。

6.2.2 防护栏杆

6.2.2.1 基坑施工防护栏杆除应符合本指南第 4.1 节的有关规定外，尚应符合下列规定：
1 宜采用 1.2m 防护栏杆，宜设置挡脚板。
2 应在基坑四周距基坑边缘不小于 0.5m 处设立防护栏杆。
3 应在深基坑四周距基坑边缘不小于 1m 处设立防护栏杆、挂密目式阻燃安全网，靠近道路侧应设置安全警示标志和夜间警示灯带。

6.3 围堰

6.3.1 一般规定

6.3.1.1 围堰施工安全防护设施主要包括防护栏杆、钢斜梯、移动式钢斜梯、双壁钢围堰顶部水平通道、围堰施工作业平台、防船撞设施等，如图 6-4 所示。

图 6-4 围堰施工示意图

6.3.1.2 围堰施工中，应按下列要求设置安全防护设施：

1 安全通道和作业平台的临边防护应使用防护栏杆。

2 围堰内部上下通道应使用钢斜梯、钢直梯或人行塔梯；围堰外部上下通道应使用移动式钢斜梯；双壁钢围堰顶部应设置水平通道。

3 围堰立式拼装作业时，应根据施工工艺搭设落地式作业平台或悬挑式作业平台。

4 围堰施工处于通航水域时，应设置防船撞设施，主要包括助航设施、警示标志、独立式防撞墩、防撞护舷等。

6.3.1.3 围堰施工安全防护设施组合的技术要求：

1 围堰施工的安全通道、作业平台和防护栏杆应组合。防护栏杆宜与安全警示标志、消防和救生器材组合。

2 围堰外平台与围堰内施工作业面之间宜根据现场情况选用钢斜梯、钢直梯、人行塔梯、移动式钢斜梯进行组合。

3 双壁钢围堰顶部水平通道与围堰内施工作业面之间宜根据现场情况选用钢斜梯、钢直梯、人行塔梯进行组合，双壁钢围堰顶部水平通道与围堰外部平台之间宜选用移动式钢斜梯进行组合。

4 双壁钢围堰内部上下通道的顶层踏步与顶部水平通道底板水平距离不得大于35mm，垂直距离不宜大于20mm，通道扶手应与顶部水平通道防护栏杆顺接。

5 拟组合的安全防护设施应视组合形式预留所需的接口。

6.3.1.4 围堰施工安全防护设施组合的安装要求：

1 围堰施工安全防护设施应进行牢固的组合安装。围堰内部上下通道和围堰外部上下通道、双壁钢围堰顶部水平通道（如有）三者的交界处应满铺底板，底板底部应加设横梁，底板表面应平整、无明显错台，应形成完整的围堰内外人行通道。

2 不同施工安全防护设施的防护栏杆之间，应采用扣件连接、焊接、套接、螺栓连接、销轴连接等方式连接固定。防护栏杆下方无人员及车辆通行或作业的，无侧向防护的最大空隙不得超过150mm。

6.3.1.5 围堰施工中，钢直梯、人行塔梯应分别符合本指南第4.2.3、4.2.4节的有关规定。

6.3.2 防护栏杆

6.3.2.1 围堰施工防护栏杆除应符合本指南第4.1节的有关规定外，尚应符合下列规定：

1 宜采用1.2m防护栏杆。

2 防护栏杆的立柱与钢围堰之间应采用焊接形式固定，焊接后应清除毛刺。

6.3.3 钢斜梯

6.3.3.1 围堰施工的钢斜梯除应符合本指南第4.3.1节的有关规定外，尚应符合下列规定：

1 钢斜梯宜附着在围堰壁板上，梯梁的支撑应选择悬挑式支撑架，支撑架位置的围堰壁板应进行相应的补强。

2 人员进出围堰宜设置相互独立的钢斜梯2架以上。

6.3.4 移动式钢斜梯

6.3.4.1 移动式钢斜梯不得与围堰外部平台形成刚性连接，应采取一端铰接另一端可相对滑动的形式。围堰施工的移动式钢斜梯应按本指南第 4.3.2 节的有关规定执行。

6.3.5 双壁钢围堰顶部水平通道

6.3.5.1 双壁钢围堰顶部水平通道除应符合本指南第 4.3.5 节的有关规定外，尚应符合下列规定：
1 底板应满铺围堰顶部并形成环形通道，通道宽度宜与围堰壁厚相同。
2 双壁钢围堰顶部水平通道底板的隔舱注水口应设置防护盖板。
3 双壁钢围堰顶部水平通道宜采用 1.2m 防护栏杆，并按本指南第 4.1 节的有关规定执行。

6.3.6 围堰施工作业平台

6.3.6.1 围堰施工的厂内拼接宜采用落地式作业平台。落地式作业平台的防护栏杆应在作业层搭设时同步安装，宜采用钢管扣件。落地式作业平台应符合本指南第 4.4.2 节的有关规定。

6.3.6.2 围堰施工的现场接高宜采用悬挑式作业平台，除应符合本指南第 4.4.1 节的有关规定外，尚应符合下列规定：
1 悬挑式作业平台支撑体系应锚固在已接高完成的单元壁板上，不得支撑在未焊接牢固的待拼单元块上。
2 悬挑式作业平台高度应满足人员辅助对接、焊接等操作要求。
3 围堰悬浮状态下不得利用悬挑式作业平台进行接高作业。
4 悬挑式作业平台宜选择可以迅速拆装并有防脱设计的防护栏杆形式。

6.3.7 防船撞设施

6.3.7.1 技术要求：
1 围堰施工防船撞设施包括助航设施、警示标志、独立式防撞墩、防撞护舷，如图 6-5 所示。
2 助航设施适用于在航道内的围堰施工，航标布置应按照专项航道调整方案执行。
3 警示标志应设置在围堰外侧四周，宜选择爆闪灯、警示灯带等设施，灯具应符合现行《公路 LED 照明灯具》（JT/T 939）的有关规定。
4 独立式防撞墩应按本指南第 5.1.3 节的有关规定执行。

5 围堰为永久结构时,应采用防撞护舷作为其防撞设施,橡胶护舷应布置在船舶吃水深度范围内,且应符合现行《橡胶护舷》(HG/T 2866)的有关规定。

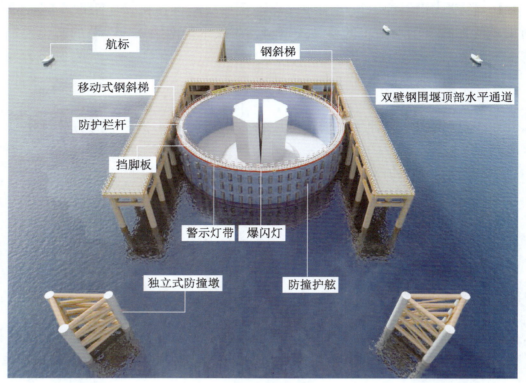

图 6-5 防船撞设施示意图

6.3.7.2 安装要求:

1 助航设施应由航道主管部门实施,按照专项航道调整方案执行。

2 警示标志中爆闪灯、警示灯带应牢固安装在围堰外壁,照明灯具应通过灯杆或灯架焊接在围堰顶部。

3 橡胶护舷应按设计要求固定在围堰外壁。

6.3.7.3 使用维护:

1 需要进行助航设施的维护、调整和移除时,施工单位应提前向航道主管部门申请,由航道主管部门实施。

2 应每日检查警示标志是否运行正常,及时更换损坏灯具。台风及洪水过后应检查灯架是否焊接牢固,焊缝开裂处应及时补焊。

6.4 墩柱

6.4.1 一般规定

6.4.1.1 墩柱施工安全防护设施主要包括人行塔梯、施工电梯、墩柱施工作业平台

（落地式、悬挑式）、高处作业水平通道、缆风绳、移动式钢斜梯、钢斜梯、钢直梯等，如图 6-6、6-7 所示。

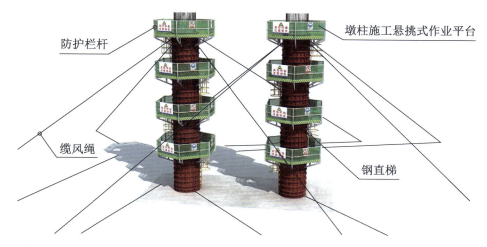

图 6-6　圆柱墩施工示意图

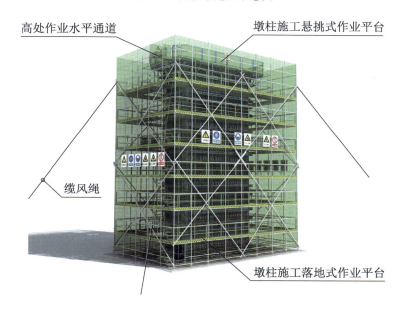

图 6-7　矩形墩柱施工示意图

6.4.1.2　墩柱施工中，应按下列要求设置安全防护设施：

1　高度在 40m 以下桥梁的上下通道可使用人行塔梯和施工电梯，40m 以上宜采用施工电梯。

2　作业面 2m 以上时应搭设墩柱施工作业平台。

3　尚未浇筑混凝土的模板宜采用缆风绳作为抗风措施。当单节模板较高时，在拉缆风绳之前，必须采取临时拉结措施。

4　水平平台之间应使用高处作业水平通道连接，垂直平台之间应使用钢直梯或钢斜梯连接。

5 墩柱较矮时，上下通道宜使用移动式钢斜梯、钢斜梯。

6.4.1.3 墩柱施工安全防护设施组合的技术要求：

1 墩柱施工的作业平台和防护栏杆应组合。人行塔梯、施工电梯与施工作业面之间，施工作业面之间宜根据现场情况选用钢直梯、钢斜梯或高处作业水平通道进行组合。

2 拟组合的安全防护设施应视组合形式预留所需的接口。

3 墩柱施工的人行塔梯和作业平台、高处作业水平通道与作业平台交界的通道底板水平距离为25～500mm时，应采用承载能力满足使用要求的盖板覆盖，盖板四周搁置应均衡，且应防止盖板移位；超过500mm时，应设置高处作业水平通道。

6.4.1.4 墩柱施工安全防护设施组合的安装要求：

1 墩柱施工安全防护设施应进行牢固的组合安装。墩柱施工上下通道和高处作业水平通道、高处作业水平通道与作业平台交界的通道底板应满铺、平整、无明显错台。

2 不同施工安全防护设施的防护栏杆之间，应采用扣件连接、焊接、套接、螺栓连接、销轴连接等方式连接固定。防护栏杆下方无人员及车辆通行或作业的，无侧向防护的最大空隙不得超过150mm。

6.4.1.5 墩柱施工中，防护栏杆、钢斜梯、移动式钢斜梯、钢直梯、高处作业水平通道、缆风绳应分别符合本指南第4.1、4.3.1、4.3.2、4.3.3、4.3.5、5.2.2节的有关规定。

6.4.2 人行塔梯

6.4.2.1 墩柱施工时，人行塔梯连墙件应固定在已浇筑完成的墩身上。墩柱施工人行塔梯应按本指南第4.3.4节的有关规定执行。

6.4.3 墩柱施工悬挑式作业平台

6.4.3.1 墩柱施工悬挑式作业平台除应符合本指南第4.4.1节的有关规定外，尚应符合下列规定：

1 墩柱施工悬挑式作业平台应与墩柱模板一同设计验算。

2 高墩翻模施工时，每层模板均应设工作平台，作业平台之间垂直距离不应小于2m。

3 墩柱施工悬挑式作业平台步行板宽度不应小于600mm。

4 墩柱施工悬挑式作业平台宜采用支承方式或悬臂梁式。采用支承方式时，其斜撑应一端支撑在平台主结构钢梁下，一端支撑在墩柱模板上。

5 墩柱施工悬挑式作业平台的所有敞开边缘应设置防护栏杆，40m以下墩柱施工应设置高1.2m的防护栏杆，40m以上墩柱施工宜设置高1.5m的防护栏杆，同时应符合本指南4.1节的有关规定。

6.4.4 墩柱施工落地式作业平台

6.4.4.1 墩柱施工落地式作业平台除应符合本指南第4.4.2节的有关规定外，尚应符合下列规定：
1 墩柱施工落地式作业平台内侧与墩柱外模的距离宜为500~1 000mm。
2 墩柱施工落地式作业平台步行板宽度不应小于600mm。
3 墩柱施工落地式作业平台的内外侧均应设置高1.2m的防护栏杆，且应符合本指南4.1节的有关规定。

6.4.5 施工电梯

6.4.5.1 技术要求：
1 施工电梯的平面位置宜根据环境条件和桥墩的结构特点进行比较选择，其布置除应方便施工操作外，也不应影响其他作业的安全。
2 施工电梯应采用厂家定型产品。
3 施工电梯应符合现行《建筑施工升降机安装、使用、拆卸安全技术规程》（JGJ 215）、《货用施工升降机 第1部分：运载装置可进人的升降机》（GB/T 10054.1）等有关规定。

6.4.5.2 安装要求：
1 施工电梯应有可靠的附墙安全措施。
2 混凝土泵管不应布设在施工电梯上。
3 施工电梯应按照产品说明书要求安装，并应符合现行《建筑施工升降机安装、使用、拆卸安全技术规程》（JGJ 215）关于施工升降机安装、自检、验收等的规定。

6.4.5.3 使用维护：
1 应每15日对施工电梯进行一次清洁、润滑、调整和检查，确保设备性能良好。每班前、作业环境有较大变化时应进行检查。
2 施工电梯的使用、拆卸应符合现行《建筑施工升降机安装、使用、拆卸安全技术规程》（JGJ 215）的有关规定。

6.5 支架

6.5.1 一般规定

6.5.1.1 支架施工安全防护设施主要包括防护栏杆、钢斜梯、钢直梯、人行塔梯、高处作业水平通道、缆风绳、安全平网等,如图 6-8 所示。

图 6-8 支架施工示意图

6.5.1.2 支架施工中,应按下列要求设置安全防护设施:
1 高度在 40m 以下桥梁的上下通道可使用人行塔梯和施工电梯,高度在 40m 以上桥梁的上下通道宜使用施工电梯,各作业平台之间的上下通道应使用钢直梯或钢斜梯。
2 水平平台之间应使用高处作业水平通道连接。
3 所有敞开边缘应设置防护栏杆。高度在 40m 以下桥梁应设置高 1.2m 的防护栏杆,高度在 40m 以上桥梁宜设置高 1.5m 的防护栏杆。
4 支架高宽比大于 3 时,应设置足够的连墙件或缆风绳,以保证横向稳定。
5 支架施工作业面下方应设置安全平网。

6.5.1.3 支架施工安全防护设施组合的技术要求:
1 作业平台和防护栏杆应组合;人行塔梯与施工作业面之间,施工作业面之间宜根据现场情况选用钢直梯、钢斜梯或高处作业水平通道进行组合。
2 拟组合的安全防护设施应视组合形式预留所需的接口。
3 人行塔梯和作业平台、高处作业水平通道与作业平台交界的通道底板水平距离为 25~500mm 时,应采用承载能力满足使用要求的盖板覆盖,盖板四周搁置应均衡,且应防止盖板移位;超过 500mm 时,应设置高处作业水平通道。

6.5.1.4 支架施工安全防护设施组合的安装要求：

1 支架施工安全防护设施应进行牢固的组合安装。支架施工上下通道和高处作业水平通道、高处作业水平通道与作业平台交界的通道底板应满铺、平整、无明显错台。

2 不同施工安全防护设施的防护栏杆之间，应采用扣件连接、焊接、套接、螺栓连接、销轴连接等方式连接固定。防护栏杆下方无人员及车辆通行或作业的，无侧向防护的最大空隙不得超过150mm。

6.5.1.5 支架施工中，防护栏杆、钢斜梯、钢直梯、人行塔梯、高处作业水平通道、缆风绳应分别符合本指南第4.1、4.3.1、4.3.3、4.3.4、4.3.5、5.2.2节的有关规定。

6.6 盖梁

6.6.1 一般规定

6.6.1.1 盖梁施工安全防护设施主要包括人行塔梯、作业平台、高处作业水平通道、母索系统等，如图6-9所示。

图6-9 盖梁施工示意图

6.6.1.2 盖梁施工中，应按下列要求设置安全防护设施：

1 高度在40m以下桥梁的上下通道可使用人行塔梯和施工电梯，高度在40m以上桥梁的上下通道宜使用施工电梯。

2 水平平台之间应使用高处作业水平通道连接。

3 应搭设盖梁施工作业平台。

4 盖梁施工底模安装宜使用母索系统。

6.6.1.3 盖梁施工安全防护设施组合的技术要求：

1 盖梁施工的作业平台和防护栏杆应组合；人行塔梯、施工电梯与施工作业面之间，施工作业面之间宜根据现场情况选用钢直梯、钢斜梯或高处作业水平通道进行组合。

2 拟组合的安全防护设施应视组合形式预留所需的接口。

3 施工电梯轿厢和作业平台的通道底板水平距离不得大于35mm。

4 人行塔梯和作业平台、高处作业水平通道与作业平台、施工电梯和作业平台交界的通道底板水平距离为25~500mm时，应采用承载能力满足使用要求的盖板覆盖，盖板四周搁置应均衡，且应防止盖板移位；超过500mm时，应设置高处作业水平通道。

6.6.1.4 盖梁施工安全防护设施组合的安装要求：

1 盖梁施工安全防护设施应进行牢固的组合安装。盖梁施工上下通道和高处作业水平通道、高处作业水平通道与作业平台交界的通道底板应满铺、平整、无明显错台。

2 不同施工安全防护设施的防护栏杆之间，应采用扣件连接、焊接、套接、螺栓连接、销轴连接等方式连接固定。防护栏杆下方无人员及车辆通行或作业的，无侧向防护的最大空隙不得超过150mm。

6.6.1.5 盖梁施工中，人行塔梯、高处作业水平通道应分别符合本指南第4.3.4、4.3.5节的有关规定。

6.6.2 盖梁施工作业平台

6.6.2.1 盖梁施工作业平台为悬挑式作业平台，除应符合本指南第4.4.1节的有关规定外，尚应符合下列规定：

1 盖梁施工作业平台应与盖梁支撑体系及模板一同设计。

2 盖梁施工作业平台步行板宽度不应小于600mm。平台底板应满铺，无底板的最大空隙不得超过150mm，无法满足时，应挂设安全平网。作业面与安全平网之间的高差不得超过3m，安全平网与坠落高度基准面的距离不得小于200mm。安全平网应符合现行《安全网》（GB 5725）等有关规定。

3 盖梁施工作业平台应采用悬臂梁式，宜采用纵梁加横梁组合结构。

4 盖梁施工作业平台的所有敞开边缘应设置防护栏杆，40m以下盖梁施工应设置高1.2m的防护栏杆，40m以上盖梁施工宜设置高1.5m的防护栏杆，同时应符合本指南第4.1节的有关规定。

6.6.3 母索系统

6.6.3.1 技术要求：
1 母索系统应采用厂家定型产品，并应符合现行《坠落防护 水平生命线装置》（GB 38454）的有关规定。
2 母索系统导轨宜使用钢丝绳。
3 母索系统挂点连接件应使用安全警示色，并符合相关规范的规定。

6.6.3.2 设计验算：
1 应由设计单位进行母索系统的设计验算。
2 母索系统应能承受6kN/人的冲击作用力。

6.6.3.3 安装要求：
1 母索系统应按照产品说明书进行安装，宜固定在预埋件上。
2 母索系统安装后外观应符合下列要求：
1）钢丝绳的磨损、断丝不得超标；
2）安全警示色、防锈漆涂层应均匀、牢固，无明显的堆漆、漏漆等缺陷。

6.6.3.4 使用维护：
1 母索系统使用应符合下列基本要求：
1）严禁超过母索系统额定使用人数使用；
2）钢丝绳绳夹在受载一、二次后应做检查，并视情况进一步拧紧。
2 母索系统的维护应按照产品说明书执行。

6.7 挂篮

6.7.1 一般规定

6.7.1.1 挂篮施工安全防护设施主要包括防护栏杆、人行塔梯或施工电梯、高处作业水平通道、挂篮施工作业平台、钢直梯、钢斜梯、安全平网等，如图6-10所示。

6.7.1.2 挂篮施工中，应按下列要求设置安全防护设施：
1 高度在40m以下桥梁的上下通道可使用人行塔梯和施工电梯，高度在40m以上桥梁的上下通道宜使用施工电梯，各作业平台之间的上下通道应使用钢直梯或钢斜梯。
2 水平平台之间应使用高处作业水平通道连接。
3 应搭设挂篮施工作业平台。
4 挂篮施工作业平台、已完成梁段等部位的临边防护应使用防护栏杆；高度在

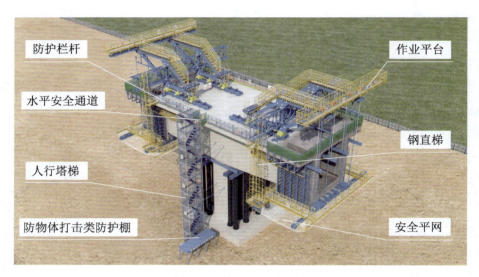

图 6-10 挂篮施工示意图

40m 以下桥梁应设置高 1.2m 的防护栏杆，高度在 40m 以上桥梁宜设置高 1.5m 的防护栏杆。

5 未使用全封闭吊篮时，挂篮施工作业平台底部应挂安全平网。

6.7.1.3 挂篮施工安全防护设施组合的技术要求：

1 挂篮施工的作业平台和防护栏杆应组合；人行塔梯、施工电梯与施工作业面之间，施工作业面之间宜根据现场情况选用钢直梯、钢斜梯或高处作业水平通道进行组合。

2 拟组合的安全防护设施应视组合形式预留所需的接口。

3 施工电梯轿厢和作业平台的通道底板水平距离不得大于 35mm。

4 人行塔梯和作业平台、高处作业水平通道与作业平台、施工电梯和作业平台交界的通道底板水平距离为 25～500mm 时，应采用承载能力满足使用要求的盖板覆盖，盖板四周搁置应均衡，且应防止盖板移位；超过 500mm 时，应设置高处作业水平通道。

6.7.1.4 挂篮施工安全防护设施组合的安装要求：

1 挂篮施工安全防护设施应进行牢固的组合安装。挂篮施工上下通道和高处作业水平通道、高处作业水平通道与作业平台交界的通道底板应满铺、平整、无明显错台。

2 不同施工安全防护设施的防护栏杆之间，应采用扣件连接、焊接、套接、螺栓连接、销轴连接等方式连接固定。防护栏杆下方无人员及车辆通行或作业的，无侧向防护的最大空隙不得超过 150mm。

6.7.1.5 挂篮施工中，钢斜梯、钢直梯、人行塔梯、高处作业水平通道应分别符合本指南第 4.3.1、4.3.3、4.3.4、4.3.5 节的有关规定。安全平网应符合现行《安全网》（GB 5725）等有关规定。

6.7.2 挂篮施工作业平台

6.7.2.1 挂篮施工作业平台为悬挑式作业平台，除应符合本指南第 4.4.1 节的有关规定外，尚应符合下列规定：

1 挂篮施工作业平台除应有足够的强度外，还应有足够的平面尺寸，以满足梁段的现场作业需要。挂篮施工作业平台步行板宽度不应小于 600mm。
2 挂篮施工作业平台应牢固支撑在挂篮或模板上。
3 挂篮施工作业平台的所有敞开边缘应设置防护栏杆，同时应符合本指南第 6.7.1.2 条及 4.1 节的有关规定。
4 挂篮施工作业平台应与挂篮、模板一同设计验算。
5 宜采用钢斜梯、钢直梯、高处作业水平通道等用于人员在作业平台之间通行，同时应符合本指南第 4.3.1、4.3.3、4.3.5 节的有关规定。

6.7.3 防护栏杆

6.7.3.1 挂篮施工防护栏杆除应符合本指南第 4.1 节的有关规定外，挂篮施工中作业面不断变动的临边作业，还宜选择可以迅速拆装并有防脱设计的防护栏杆形式。

6.8 架桥机

6.8.1 架桥机施工安全防护设施主要包括防护栏杆、高处作业水平通道、人行塔梯、安全平网、母索系统、轨道端部止挡等，如图 6-11 所示。

6.8.2 架桥机施工中，应按下列要求设置安全防护设施：
1 临边防护应使用防护栏杆，防护栏杆应水平设置挡脚板，应挂密目式阻燃安全立网封闭。高度在 40m 以下桥梁应设置高 1.2m 的防护栏杆，高度在 40m 以上桥梁宜设置高 1.5m 的防护栏杆。
2 水平平台之间应使用高处作业水平通道连接。
3 上下通道应使用人行塔梯。
4 无法设置防护栏杆的部位应设置母索系统。
5 桥面系施工前，上下行桥之间空隙处应满布安全平网。
6 架桥机所有轨道均应设置轨道端部止挡。

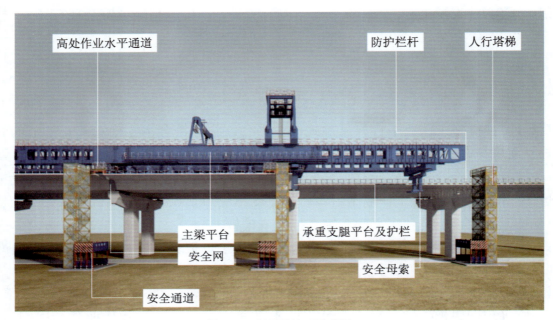

图 6-11 架桥机施工示意图

6.8.3 架桥机施工安全防护设施组合的技术要求：

1 架桥机施工的人行塔梯与桥面、墩顶之间，各跨桥面之间应使用高处作业水平通道进行组合。

2 拟组合的安全防护设施应视组合形式预留所需的接口。

6.8.4 架桥机施工安全防护设施组合的安装要求：

1 人行塔梯和高处作业水平通道、高处作业水平通道与桥面、墩顶交界的通道底板应满铺、平整。

2 不同施工安全防护设施的防护栏杆之间，应采用扣件连接、焊接、套接、螺栓连接、销轴连接等方式连接固定。防护栏杆下方无人员及车辆通行或作业的，无侧向防护的最大空隙不得超过 150mm。

6.8.5 架桥机自身安全防护设施应满足相关规范要求。

6.8.6 架桥机施工中，防护栏杆、人行塔梯、高处作业水平通道、母索系统、轨道端部止挡应分别符合本指南第 4.1、4.3.4、4.3.5、6.6.3、5.2.4 节的有关规定。

6.9 悬索桥猫道

6.9.1 一般规定

6.9.1.1 悬索桥猫道施工安全防护设施主要由猫道防滑底板、扶手索式防护栏杆、横向通道组成,如图 6-12 所示。

图 6-12 悬索桥猫道施工示意图

6.9.1.2 悬索桥猫道施工中,应按下列要求设置安全防护设施:
1 猫道施工应使用猫道防滑底板。
2 猫道临边防护应使用扶手索式防护栏杆。
3 猫道间宜设置若干条横向人行通道。

6.9.1.3 悬索桥猫道施工安全防护设施组合的技术要求:
1 扶手索式防护栏杆与猫道防滑底板应组合使用。
2 拟组合的安全防护设施应视组合形式预留所需的接口,连接应牢固。

6.9.1.4 悬索桥猫道施工安全防护设施组合的安装要求:
1 扶手索式防护栏杆与猫道防滑底板应连接密贴,不得有明显空隙、歪扭。
2 扶手索式防护栏杆与横向通道防护栏杆之间应绑扎钢丝密目网封闭,不得留有可能坠人坠物的空隙。

6.9.2 猫道防滑底板

6.9.2.1 技术要求:
1 猫道防滑底板主要由钢丝网和防滑条组成,如图 6-13 所示。
2 钢丝网宜由阻风面积小的两层大、小方格钢丝网组成,其宽度宜为 3~4m。第一层宜为粗面网,第二层宜为细面网。
3 防滑条宜每隔 500mm 设置 1 根。
4 猫道防滑底板选用的材料性能应符合下列要求:
1)钢丝网力学性能不应低于 Q235,且应符合现行《安全网》(GB 5725)等有关规定;

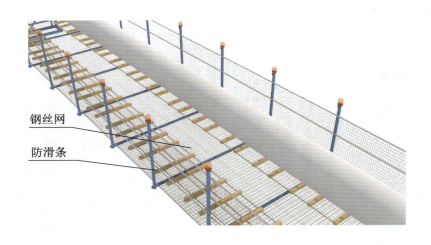

图 6-13 猫道防滑底板示意图

2）防滑条宜采用方木。

6.9.2.2 设计验算：
1 应由猫道设计单位进行猫道防滑底板的设计验算。
2 猫道防滑底板荷载应按实际使用要求确定，且应能承受不小于 $2kN/m^2$ 的均匀分布活荷载。
3 应验算猫道防滑底板刚度、承载力。

6.9.2.3 安装要求：
1 安装时应配置风速仪并进行风速监测，六级以上大风和大雨、大雪、大雾等恶劣天气不得进行猫道防滑底板的安装施工。
2 应将猫道防滑底板的木条与猫道横梁、承重索绑扎牢固，不得出现松动或脱落。
3 猫道防滑底板安装后外观应符合下列要求：
1）猫道底部用防滑底板全封闭，防滑底板与侧网之间不得留有可能坠人坠物的空隙；
2）钢丝网防锈防腐涂装涂层应均匀、牢固，无明显的堆漆、漏漆等缺陷。

6.9.2.4 使用维护：
1 猫道防滑底板应标明允许负载值的限载牌并限定允许作业人数，不得超重；设备、材料在底板上应对称均匀放置，严禁超荷载或偏压堆放物料。
2 应对猫道防滑底板开展每日安全巡查，当班清理物料、杂物。每月应进行综合检查、专项检查。

6.9.3 扶手索式防护栏杆

6.9.3.1 技术要求：

1 扶手索式防护栏杆主要由立柱、扶手索和侧网等组成，如图 6-14 所示。

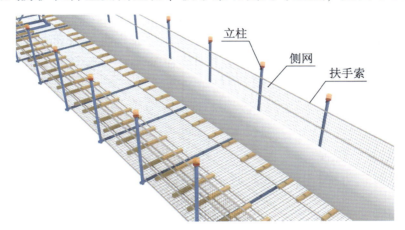

图 6-14 扶手索式防护栏杆示意图

2 立柱间距不应大于 2.0m。

3 扶手索宜为上、中、下三道，上扶手索宜高 1.5m，上、中、下扶手索间距为 500mm。

4 防护栏杆上宜每间隔 50m 设置安全警示标识。

5 扶手索式防护栏杆选用的材料性能应符合下列要求：

1）立柱宜采用型钢；

2）扶手索宜采用钢丝绳；

3）侧网应采用钢丝密目网，力学性能不应低于 Q235，且应符合现行《安全网》（GB 5725）等有关规定。

6.9.3.2 设计验算：

1 扶手索式防护栏杆应由猫道设计单位进行设计验算，并应与猫道一同设计验算。

2 防护栏杆的扶手索、立柱应能承受任何方向施加的 1kN 的集中荷载。

3 验算应按《建筑施工高处作业安全技术规范》（JGJ 80—2016）附录 A 执行。

6.9.3.3 安装要求：

1 安装时应配置风速仪并进行风速监测，大雨、大雪、大雾和六级及以上大风等恶劣天气不得进行扶手索式防护栏杆的安装施工。

2 扶手索架设前应通过预张拉消除钢丝绳非弹性变形，预张拉荷载不得小于其破断拉力的 0.5 倍。

3 扶手索钢丝绳投入使用前应严格验收，严禁使用断丝、变形、锈蚀等超出相应规定的钢丝绳。

4 扶手索式防护栏杆安装后外观应符合下列要求：

1）钢丝绳的磨损、断丝不得超标；

2）立柱及连接件不得有裂纹、开焊、螺栓松动、局部变形；

3）侧向无防护的最大空隙不得超过150mm；

4）侧网表面应光滑，无尖刺等可能对使用者造成伤害的外部缺陷；

5）防锈防腐涂装涂层应均匀、牢固，无明显的堆漆、漏漆等缺陷。

6.9.3.4 使用维护：

1 发现扶手索断丝、变形、锈蚀等，立柱及连接件裂纹、开焊、螺栓松动、局部变形等，应及时修复或更换。

2 应对扶手索式防护栏杆开展每日安全巡查、每月综合检查或专项检查。

6.9.4 横向通道

6.9.4.1 技术要求：

1 横向通道主要由支撑系统、钢丝网和防护栏杆等组成，如图6-15所示。

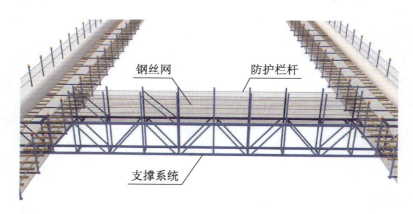

图6-15 横向通道示意图

2 横向通道的数量、位置应根据上下游猫道间人员通行及猫道抗风稳定性的需要设置，宽度不应小于750mm。通道与水平面的坡度不应大于1:3。

3 支撑系统宜采用钢桁架。

4 钢丝网宜由阻风面积小的两层大、小方格钢丝网组成，第一层宜为粗面网，第二层宜为细面网。底网宜采用猫道防滑底板，并应符合本指南第6.9.2节的有关规定。

5 防护栏杆上横杆高宜为1.5m，且应符合本指南第4.1节或第6.9.3节的有关规定。

6 钢桁架的构件宜采用钢管或型钢，钢材力学性能不应低于Q235B，且应符合现行《碳素结构钢》（GB/T 700）等有关规定。

6.9.4.2 设计验算：

1 横向通道应由猫道设计单位进行设计验算，并应与猫道一同设计验算。

2 横向通道的设计荷载应按实际使用要求确定，应考虑结构自重、人员及施工机具设备荷载、风荷载等。

3 横向通道作为猫道的抗风抑振措施时，应进行风洞试验验证其结构形式及布设。

4 应验算横向通道结构整体及构件的刚度、强度、稳定性。

6.9.4.3 安装要求：

1 安装时应配置风速仪并进行风速监测，大雨、大雪、大雾和六级及以上大风等恶劣天气不得进行横向通道的安装施工。

2 横向通道的支撑系统宜采用销接或螺栓连接固定在猫道横梁上，螺栓应采取防退扣措施。各构件之间的连接应可靠，安装需满足现行《钢结构设计标准》（GB 50017）、《钢结构焊接规范》（GB 50661）、《钢结构高强度螺栓连接技术规程》（JGJ 82）等有关规定。

3 横向通道安装后外观应符合下列要求：

1）支撑系统各构件不得有歪斜、扭曲、变形、破损及其他缺陷；

2）侧向无防护的最大空隙不得超过150mm；

3）防锈防腐涂装涂层应均匀、牢固，无明显的堆漆、漏漆等缺陷。

4 在主缆架设完成、加劲梁安装之前，应将猫道改挂于主缆上，改挂前应拆除横向通道。

6.9.4.4 使用维护：

1 在使用过程中，应在明显位置标明允许负载值的限载牌及限定允许的作业人数，不得超重。

2 应开展定期或经常性检查，重点检查钢桁架和连接螺栓的可靠性，发现裂纹、开焊、螺栓松动、局部变形、明显腐蚀等，应停止使用，修复验收合格后再使用。

6.10 桥面系

6.10.1 一般规定

6.10.1.1 桥面系施工安全防护设施主要包括人行塔梯、防护栏杆、高处作业水平通道、安全平网等，如图6-16所示。

6.10.1.2 桥面系施工中，应按下列要求设置安全防护设施：

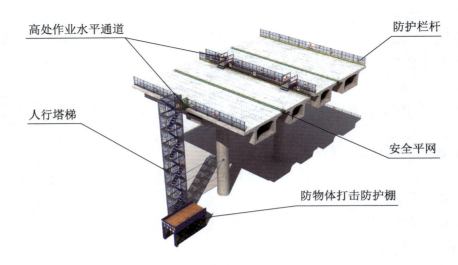

图 6-16 桥面系施工示意图

1 高度在 40m 以下桥梁的上下通道可使用人行塔梯和施工电梯，高度在 40m 以上桥梁的上下通道宜使用施工电梯。

2 应使用高处作业水平通道连接水平平台；上下幅并行时，应使用跨中央分隔带的高处作业水平通道。

3 桥面系施工的所有敞开边缘、短边长大于 500mm 的洞口应设置防护栏杆；高度在 40m 以下桥梁应设置高 1.2m 的防护栏杆，高度在 40m 以上桥梁宜设置高 1.5m 的防护栏杆。

4 桥面系施工前，梁体之间湿接缝及上下行桥之间空隙处应满布安全平网。

6.10.1.3 桥面系施工安全防护设施组合的技术要求：

1 桥面系施工人行塔梯、施工电梯与施工作业面之间，施工作业面之间宜根据现场情况选用钢直梯、钢斜梯或高处作业水平通道进行组合。

2 拟组合的安全防护设施应视组合形式预留所需的接口。

3 施工电梯轿厢和作业平台的通道底板水平距离不得大于 35mm。

4 人行塔梯和作业平台、高处作业水平通道与作业平台、施工电梯和作业平台交界的通道底板水平距离为 25~500mm 时，应采用承载能力满足使用要求的盖板覆盖，盖板四周搁置应均衡，且应防止盖板移位；超过 500mm 时，应设置高处作业水平通道。

6.10.1.4 桥面系施工设施组合的安装要求：

1 桥面系施工安全防护设施应进行牢固的组合安装。桥面系施工上下通道和高处作业水平通道、高处作业水平通道与施工作业面交界的通道底板应满铺、平整、无明显错台。

2 不同施工安全防护设施的防护栏杆之间，应采用扣件连接、焊接、套接、螺栓连接、销轴连接等方式连接固定。防护栏杆下方无人员及车辆通行或作业的，无侧向防护的最大空隙不得超过150mm。

6.10.1.5 桥面系施工中，防护栏杆、人行塔梯、高处作业水平通道应分别符合本指南第4.1、4.3.4、4.3.5节的有关规定。安全平网应符合现行《安全网》（GB 5725）等有关规定。

7 隧道工程

7.1 隧道开挖

7.1.1 一般规定

7.1.1.1 隧道开挖安全防护设施主要包括台车防护栏杆、钢斜梯、逃生通道、轨道端部止挡等,如图 7-1 所示。

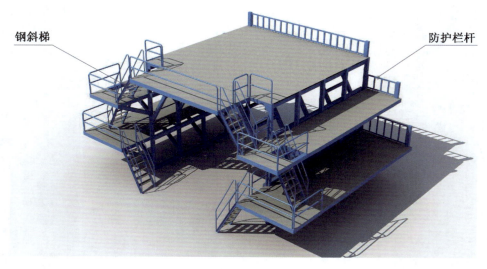

图 7-1 隧道开挖示意图

7.1.1.2 隧道开挖施工中,应按下列要求设置安全防护设施:
1 台车临边防护应使用防护栏杆。
2 台车上下通道宜使用钢斜梯。
3 软弱围岩隧道开挖时,掌子面至二次衬砌之间应设置逃生通道。
4 隧道内作业台车轨道端头应设置轨道端部止挡。

7.1.1.3 隧道开挖施工中,钢斜梯、轨道端部止挡应符合本指南第 4.3.1、5.2.4 节的有关规定。

7.1.2 防护栏杆

7.1.2.1 隧道开挖台车防护栏杆除应符合本指南第 4.1 节的有关规定外，尚应符合下列规定：

1 台车防护栏杆宜根据隧道开挖施工需要设置成可拆卸式防护栏杆和固定式防护栏杆。
2 台车防护栏杆宜用具有夜间反光效果的安全警示色。
3 台车防护栏杆应与台车一同设计验算。
4 台车防护栏杆应水平设置挡脚板，应挂密目式阻燃安全立网封闭。
5 护栏底部安装耳座与台车平台上的安装耳座宜通过螺栓组件连接。
6 台车防护宜采用 1.2m 防护栏杆。

7.1.3 逃生通道

7.1.3.1 技术要求：

1 逃生通道主要由整节管道、短节管道、转接接头（135°）、支架、连接件等组成，如图 7-2 所示。

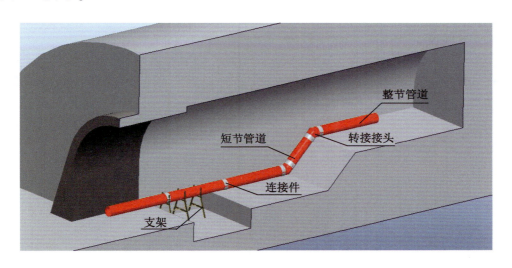

图 7-2 逃生通道示意图

2 整节管道每节长度不宜大于 5m，内径不宜小于 800mm。
3 短节管道可分为 1m、2m、3m 的节段。
4 逃生通道在经过掘进台阶时，管节之间宜安装 135°转接接头顺延。
5 逃生通道通过仰拱施工处时，宜使用栈桥敷设支撑固定逃生通道。
6 逃生通道管节之间可采用直径大于逃生通道外径 100mm 的套管、螺栓、链条或环形抱箍等方式连接。
7 逃生通道材质可采用螺旋钢焊管或硬质高密度聚氯乙烯管（HDPE，PE100）、超高强度超高分子复合材料管、CFRPC（碳纤维增强高聚物复合材料）碳素复合管，其刚度、强度及抗冲击能力应满足安全要求。

8 逃生通道表面宜为红色、橙色、黄色等颜色。

7.1.3.2 安装要求：

1 逃生通道基础底部应平整，安装到位后应对逃生通道进行支垫或进行半填埋加固。

2 逃生通道应平整、干燥、顺畅。

3 逃生通道的安装应便于拆卸，避免两节脱节。

7.1.3.3 使用维护：

1 隧道开挖掌子面至二次衬砌之间应设置逃生通道，逃生通道距离开挖掌子面不得大于20m，搭接二次衬砌长度不得小于5m。

2 逃生通道不得作为应急逃生以外的用途，逃生通道内不得放置任何物品。逃生通道洞口两侧应设置救生箱，宜配备10人3天所需的应急物资。

7.2 仰拱

7.2.1 一般规定

7.2.1.1 仰拱施工安全防护设施主要包括仰拱栈桥、防护栏杆等，如图7-3所示。

图7-3 仰拱施工示意图

7.2.1.2 在仰拱施工中，应按下列要求设置安全防护设施：

1 在仰拱施工过程中，应采用仰拱栈桥跨越。
2 临边应使用防护栏杆。

7.2.2 仰拱栈桥

7.2.2.1 技术要求：

1 仰拱栈桥主要由桁架、液压系统、行走系统、引桥桥面、主桥桥面、防撞护栏、标志等组成，如图 7-4 所示。

图 7-4 仰拱栈桥示意图

2 仰拱栈桥宜采用自行式整体栈桥。
3 仰拱栈桥液压千斤顶宜设有自锁定装置。
4 仰拱栈桥宜采用履带式行走系统。
5 仰拱栈桥引桥的最大纵向坡度不宜大于 25%。栈桥桥面应做防侧滑处理。
6 仰拱栈桥两侧宜采用防撞护栏，应水平设置挡脚板并挂密目式阻燃安全立网封闭。
7 仰拱栈桥两端应设限速、限重警示标志、反光标志。

7.2.2.2 设计验算：

1 仰拱栈桥应由设计制造单位进行设计验算及试验。
2 仰拱栈桥设计荷载应按实际使用要求确定。
3 应进行强度、刚度和稳定性验算。

7.2.2.3 安装要求：

1 仰拱栈桥基础应稳固。
2 栈桥就位后应检查基础的稳定情况和千斤顶是否锁定。

7.2.2.4 使用维护：
1 应根据验算条件编制栈桥使用要求，并进行安全技术交底。
2 仰拱栈桥上部的泥水及残余混凝土应及时清除。
3 汽车通过仰拱栈桥时，应先确认栈桥下方施工人员已撤至安全区域。
4 车辆通过栈桥时速度不得大于5km/h。

7.3 盾构隧道

7.3.1 一般规定

7.3.1.1 盾构隧道施工安全防护设施主要包括防护栏杆、箱涵两侧移动式作业平台、箱涵拼装两侧移动护栏、钢斜梯、钢直梯等，如图7-5所示。

图 7-5 盾构隧道施工示意图

7.3.1.2 盾构施工中，应按下列要求设置安全防护设施：
1 施工作业平台、人行通道等部位的临边防护应使用1.2m防护栏杆。
2 箱涵两侧作业宜设置移动式作业平台。
3 盾构箱涵作业面宜采用箱涵两侧拼装移动护栏。
4 各作业平台之间的上下通道应使用钢直梯或钢斜梯。

7.3.1.3 盾构施工安全防护设施组合的技术要求：
1 盾构施工的作业平台和防护栏杆应组合。
2 组合连接宜采用铰接、螺栓连接或焊接，并确保连接牢固。采用螺栓连接时，应采用防松脱垫片。

7.3.1.4 盾构施工安全防护设施组合的安装要求：
1 盾构施工安全防护设施应进行牢固的组合安装。盾构施工钢直梯、钢斜梯等上下通道与作业平台交界的通道底板应满铺、平整、无明显错台。
2 不同施工安全防护设施的防护栏杆之间，应采用扣件连接、焊接、套接、螺栓连接、销轴连接等方式连接固定。防护栏杆下方无人员及车辆通行或作业的，无侧向防护的最大空隙不得超过150mm。

7.3.1.5 盾构隧道施工中，防护栏杆应符合本指南第4.1节的有关规定。

7.3.2 箱涵两侧移动式作业平台

7.3.2.1 箱涵两侧作业平台为移动式作业平台，如图7-6所示，除应符合本指南第4.4.3节的有关规定外，尚应符合下列规定：

1 作业平台表面与箱涵顶面垂直距离不宜超过20mm。
2 宜在沿管片内弧面、箱涵侧面及箱涵牛腿顶面设置5组行走轮，行走轮应配有制动装置。
3 箱涵两侧移动式作业平台宜设置连通平台顶部至箱涵底部的爬梯。
4 应采用汽车式起重机等机械将组装成型的箱涵两侧移动式作业平台安放到位。

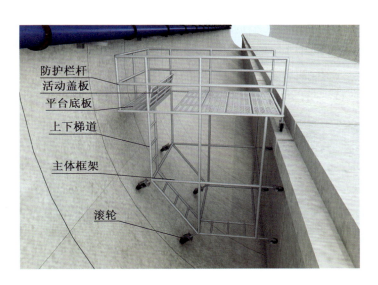

图7-6 箱涵两侧移动式作业平台示意图

7.3.3 盾构箱涵拼装两侧移动护栏

7.3.3.1 技术要求：

1 盾构箱涵拼装两侧移动护栏主要由横杆、竖杆、支撑体系等组成，如图7-7所示。
2 盾构箱涵拼装两侧移动护栏的横杆及竖杆应组成牢固的立面框架，其水平投影必须落在箱涵表面。
3 盾构箱涵拼装两侧移动护栏横杆分为上、下两道横杆，上横杆距箱涵表面高度应不低于1.2m，下横杆距箱涵表面高度应不大于300mm。

图7-7　盾构箱涵拼装两侧移动护栏

4　竖杆间隙应大于30mm且不应大于110mm。

5　支撑体系宜采用钢桁架。

6　横杆、竖杆、钢桁架杆件宜采用型钢，钢材力学性能不宜低于Q235B，或选用其他力学性能不低于Q235B的等效材料，且应符合现行《碳素结构钢》（GB/T 700）等有关规定。

7　盾构箱涵拼装两侧移动护栏宜采用安全警示色，并符合相关规范的规定。

7.3.3.2　设计验算：

1　盾构箱涵拼装两侧移动护栏应由盾构机设计制造单位进行设计验算，并应与盾构机一同设计验算。

2　防护栏杆的横杆、竖杆应能承受任何方向施加的1kN的集中荷载。

3　验算应按《建筑施工高处作业安全技术规范》（JGJ 80—2016）附录A执行。

7.3.3.3　安装要求：

1　盾构箱涵拼装两侧移动护栏的支撑体系应焊接在盾构机结构上。

2　盾构箱涵拼装两侧移动护栏各构件之间宜采用焊接连接，焊接要求应符合现行《钢结构工程施工质量验收标准》（GB 50205）的有关规定。

3　盾构箱涵拼装两侧移动护栏安装后外观应符合下列要求：

1）线形应协调，各构件不得歪斜、扭曲、变形；

2）切割部位应锉平磨光，边角整齐；

3）安全警示色、防锈漆涂层应均匀、牢固，无明显的堆漆、漏漆等缺陷。

7.3.3.4 使用维护:

1 应避免在盾构箱涵拼装两侧移动护栏构件上额外施加长期的外力作用及施加振动荷载,不得随意悬挂重物。

2 盾构箱涵拼装两侧移动护栏使用过程中发现焊缝开裂、严重锈蚀、松动或损坏的,应及时进行检查、维修。

3 盾构机移动时,应在箱涵表面设置安全警戒区。

8 高边坡工程

8.1 一般规定

8.1.1 高边坡施工安全防护设施主要包括作业平台、人行斜道、防护栏杆等，如图 8-1 所示。

图 8-1 高边坡施工示意图

8.1.2 高边坡施工中，应按下列要求设置安全防护设施：
1 作业面 2m 以上时应搭设高边坡施工作业平台。
2 应沿着边坡面设置人行斜道。
3 施工作业平台临边应设置防护栏杆和安全网。

8.1.3 高边坡施工安全防护设施组合的技术要求：高边坡施工的作业平台和防护栏杆应组合、作业平台与上下爬梯应组合。

8.1.4 高边坡施工安全防护设施组合的安装要求：
1 高边坡施工安全防护设施应进行牢固的组合安装；作业平台应满铺脚手板。
2 防护栏杆应采用扣件、焊接、套接、螺栓、销轴连接等方式连接固定。防护栏杆下方无人员及车辆通行或作业的，无侧向防护的最大空隙不得超过 150mm。

8.2 高边坡施工作业平台

8.2.1 高边坡施工宜设置落地式作业平台，除应符合本指南第 4.4.2 节的有关规定外，尚应符合下列规定：
1 高边坡施工落地式作业平台应在外侧设置 1.2m 的安全防护栏杆。
2 砌筑作业中，脚手架下不得有人操作及停留，不得立体交叉作业。

8.3 人行斜道

8.3.1 技术要求：
1 人行斜道主要由扶手、横杆、立柱、梯道等组成，如图 8-2 所示。

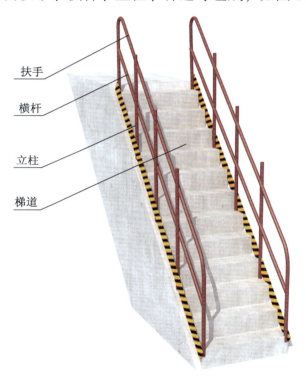

图 8-2 人行斜道示意图

2 人行斜道两侧应设置扶手，扶手中心线应与坡面线平行，扶手高度宜为 900mm。
3 支撑扶手的立柱应从第一级梯道开始设置，间距不宜大于 1m。
4 扶手与梯道中间应设置一道横杆，横杆与扶手、横杆与梯道间距不应大于 600mm。
5 梯道应符合下列要求：
1) 梯道宽度宜为 800mm；
2) 梯道宜使用素混凝土硬化，并至少有不小于 25mm 宽的防滑突缘；

3）常用的梯道倾角与对应的踏步高 r、踏步宽 g 组合应符合表 4-2 及表 4-3 的规定。

6 人行斜道各构件的材料应符合下列要求：

1）扶手、横杆宜为外径 30～50mm、壁厚不小于 2.5mm 的圆形管材。支撑扶手的立柱宜采用截面不小于 40mm×40mm×4mm 角钢或外径为 30～50mm 的管材；各构件选用的钢材力学性能不宜低于 Q235B，且应符合现行《碳素结构钢》（GB/T 700）等有关规定；

2）梯道所用混凝土强度应不小于 C20。

8.3.2 安装要求：

1 扶手和立柱之间可采用扣件连接、焊接、套接、螺栓连接、销轴连接等方式连接固定。

2 立柱底端应固定牢靠，可与预埋件焊接。扶手安装后，横杆、立柱应能承受任何方向施加的 1kN 的集中荷载。

3 各构件之间连接、立柱固定等应符合相关规范的规定。

4 人行斜道安装后外观应符合下列要求：

1）不应有歪斜、扭曲、变形及其他缺陷；

2）表面应光滑，无锐边、尖角、毛刺、裂纹、焊渣或明显锤痕等可能对使用者造成伤害或妨碍其通过的外部缺陷；

3）梯道宽度、高度均匀，防滑凸缘完整；

4）安全警示色、防锈漆应涂层均匀、牢固，无明显的堆漆、漏漆等缺陷。

8.3.3 使用要求：

1 应避免在扶手上额外施加长期的外力作用及施加振动荷载，不得随意悬挂重物。

2 使用过程中发现锈蚀、腐蚀、松动或损坏的，应及时进行检查、维修。

8.4 防护栏杆

8.4.1 高边坡施工防护栏杆除应符合本指南第 4.1 节的有关规定外，尚应符合下列规定：

1 高边坡支架搭设完成后，所有作业平台临边应设置 1.2m 安全防护栏杆。

2 高边坡施工中作业面不断变动的临边作业，宜选择可以迅速拆装并有防脱设计的防护栏杆形式。

附录 A 安全防护设施验收（检查）表

A.0.1 安全防护设施验收时，应先审查是否符合本指南第 3.0.1、3.0.2、3.0.4 条的相关规定，再按表 A-1～A-31 进行验收。

A.0.2 安全防护设施检查时，应先审查是否符合本指南第 3.0.5、3.0.6 条的相关规定，再按表 A-1～A-31 中标注"※"的项目进行检查。

防护栏杆安全验收（检查）表　　　　　　　　　　　　表 A-1

验收□　　※检查□　　　　　　　　　　　　　　　　　　　编号：

项目名称				合同段	
监管部门				建设单位	
施工单位				监理单位	
工程部位				验收（检查）时间	
序号	项目		验收（检查）内容		验收（检查）结果
1	设计资料		结构、基础及固定方式有设计、验算、试验，项目部技术负责人有审核签认		
2	结构组成		主要由横杆、立柱、挡脚板、安全立网等组成		
3	结构形式		1.2m 防护栏杆横杆分为上、下两道，1.5m 防护栏杆横杆分为上、中、下三道		
4	结构尺寸		上横杆距工作面高度不应小于 1.2m，横杆间距不应大于 600mm，1.2m 防护栏杆上横杆距工作面高度应为 1.2m，上、下横杆间距为 600mm。1.5m 防护栏杆上横杆距工作面高度为 1.5m，上、中、下相邻横杆间距为 500mm		
			立柱间距不大于 2m		
			当防护栏杆下方有人员及车辆通行或作业时，防护栏杆下部应通长设置挡脚板，挡脚板高度应不小于 180mm，厚度宜不小于 2mm，其底部应与地面保持平齐、无可能坠物的间隙		
			下方有人员及车辆通行或作业的，应挂密目式阻燃安全立网封闭		

续表 A-1

序号	项目	验收（检查）内容	验收（检查）结果
※5	附属设施	醒目位置应张贴、悬挂危险警示标识标牌	
※6	基础	安装防护栏杆的基础应坚实牢固，且应满足承载力要求	
7	材料	横杆、立柱宜采用钢管或型钢，钢材力学性能不宜低于Q235B 或选用铝合金、纤维增强复合材料等其他力学性能不低于Q235B 的等效材料，且应符合现行《碳素结构钢》（GB/T 700）等有关规定	
		挡脚板宜采用钢板或其他等效金属材料，其力学性能不应低于Q235	
		安全立网宜采用钢丝网、钢板网或密目式阻燃安全网，且应符合现行《安全网》（GB 5725）、《钢板网》（GB/T 33275）等有关规定。钢丝网、钢板网力学性能不应低于Q235，宜涂刷防锈漆。采用钢丝网时，宜采用直径不小于 2mm 的低碳冷拔钢丝	
※8	安装	防护栏杆各构件之间可采用扣件连接、焊接、套接、螺栓连接、销轴连接等方式连接固定	
		防护栏杆立柱底端应固定牢靠，可采用预埋、打入、螺栓连接、焊接等方式固定，并符合设计制造单位的安装要求。防护栏杆安装后，横杆、立柱应能承受任何方向施加的 1kN 的可变荷载	
※9	外观	线形协调，各构件不得有明显歪斜、扭曲、变形	
		切割部位锉平磨光，边角整齐	
		防护栏杆挡脚板应采用安全警示色，其他构件宜采用安全警示色，安全警示色、防锈漆应涂层均匀、牢固，无明显的堆漆、漏漆等缺陷	
		无锈蚀、腐蚀、松动或损坏	
		无额外施加长期的外力作用及施加振动荷载，或随意悬挂重物	
10	工序特殊要求		
意见及签名	项目部施工员		验收（检查）结论
	项目部安全负责人		
	项目部负责人		
	安全监理工程师		
	建设单位安全管理人员		

注：应记录预留下开口、临时拆除及恢复等情况。

防物体打击类防护棚安全验收（检查）表

表 A-2

验收□　　※检查□　　　　　　　　　　　　　　　　　　　　　　　　编号：

项目名称		合同段	
监管部门		建设单位	
施工单位		监理单位	
工程部位		验收（检查）时间	

序号	项目	验收（检查）内容	验收（检查）结果
1	设计资料	结构、基础及固定方式有设计、验算，项目部技术负责人有审核签认	
2	结构组成	由立柱或吊杆（吊带）、棚架、棚板、基础等组成	
3	结构尺寸	棚板采用双层搭设时，上、下层棚板间距不应小于700mm；各层棚板应满铺密实	
		防物体打击类防护棚的长度、宽度应根据原道路通行能力、人员与车辆通行要求及出入口所处位置等确定；防护棚长度还应考虑高处作业高度与可能坠落半径，见表4-1。下方有机动车辆通行的，防护棚的设置应满足公路建筑限界的有关规定；下方仅供人员通行的，防护棚的高度不宜小于3m	
		防物体打击类防护棚棚板顶部的所有敞开边缘应设置挑檐，挑檐宜采用型钢与纵（横）梁可靠连接，其上沿应超出棚板顶部600mm，并形成封闭围护	
		当采用脚手架搭设安全防护棚时，应符合国家现行相关标准的规定	
4	基础	防物体打击类防护棚的立柱基础应做硬化处理，硬化范围应大于立杆底框外沿500mm，立柱基础应坚实牢固，且应满足承载力要求。用于跨路、跨线施工的防护棚应设置防撞墙式基础，应满足承载力、防撞设计要求	
※5	附属设施	醒目位置应设置安全警示标牌、轮廓灯、警示灯、爆闪灯等设施，有车辆通行的，内部照明不应低于两端道路的照明标准	

续表 A-2

序号	项目	验收（检查）内容	验收（检查）结果
6	材料	立柱、棚架可采用钢管、桁架、钢管柱或其他型钢材料，其钢材力学性能不宜低于Q235B，且应符合现行《碳素结构钢》（GB/T 700）等有关规定	
		采用单层搭设的棚板宜采用厚度不小于50mm的木质板，或其他等效性能材料。采用双层搭设的棚板，上层棚板宜采用厚度不小于50mm的木质板，或其他等效性能材料；下层棚板宜采用厚度不小于3mm的钢板	
		挑檐可采用钢板、木板，或其他等效性能材料	
		立柱基础宜采用强度等级不小于C20的混凝土；防撞墙式基础宜采用强度不小于C25的钢筋混凝土结构	
7	安装	各构件之间可采用焊接、栓接等方式连接固定；立柱宜采用焊接或栓接方式将底座与基础垫块预埋件连接固定，形成整体承重体系	
		防护棚各构件之间的连接和固定，立柱底端的固定等应符合相关规范的规定，受力满足设计文件或方案的要求	
※8	外观	各构件安装后不得有歪斜、扭曲、变形、破损及其他缺陷	
		地基应坚实平整，排水通畅	
		立柱及防撞墙基础等表面、檐板侧面宜用具有夜间反光效果的安全警示色，安全警示色、防锈漆涂层均匀、牢固，无明显的堆漆、漏漆等缺陷	
		警示标志反光效果良好	
		防护棚的构件完整、棚顶无堆放物料和落物	
9	工序特殊要求		

意见及签名	项目部施工员		验收（检查）结论
	项目部安全负责人		
	项目部负责人		
	安全监理工程师		
	建设单位安全管理人员		

防晒防雨类防护棚安全验收（检查）表

表 A-3

验收□　　※检查□　　　　　　　　　　　　　　　　　　　　　　　　编号：

项目名称			合同段	
监管部门			建设单位	
施工单位			监理单位	
工程部位			验收（检查）时间	

序号	项目	验收（检查）内容	验收（检查）结果
1	结构组成	由立柱、棚架、棚板等组成	
2	结构尺寸	能完全遮盖防护区域，其棚顶尺寸距离被遮盖物外沿不宜小于0.6m，且满足防雨、防晒、检修等要求	
		棚顶宜设不小于5%坡度的排水坡	
※3	基础	立柱基础应坚实牢固，且应满足承载力要求	
4	材料	立柱、棚架可采用钢管、方钢或圆钢等型钢材料或其他等效性能材料制作，其钢材力学性能不宜低于Q235B，且应符合现行《碳素结构钢》（GB/T 700）等有关规定	
		棚板可采用钢板、木质板、篷布，或其他等效性能材料	
※5	安装	防晒防雨类防护棚的棚板和棚架宜采用铆接、绑扎等方式连接固定。台风多发地区宜在防护棚四周预埋地锚，以便台风季节拉设缆风绳	
		防晒防雨类防护棚各构件之间的连接和固定，立柱底端的固定等应符合相关规范的规定，受力满足设计文件或方案的要求	
※6	外观	各构件安装后不得有歪斜、扭曲、变形、破损及其他缺陷	
		地基应坚实平整，排水通畅	
		安全警示色、防锈漆应涂层均匀、牢固，不得有明显的堆漆、漏漆等缺陷	
		防护棚的构件完整、棚顶无堆放物料	
		大风天气时防晒防雨类防护棚应有防风措施	
7	工序特殊要求		

意见及签名	项目部施工员		验收（检查）结论
	项目部安全负责人		
	项目部负责人		
	安全监理工程师		
	建设单位安全管理人员		

钢斜梯安全验收（检查）表

表 A-4

验收□　　　※检查□　　　　　　　　　　　　　　　　　　　　编号：

项目名称		合同段	
监管部门		建设单位	
施工单位		监理单位	
工程部位		验收（检查）时间	

序号	项目	验收（检查）内容	验收（检查）结果
1	设计资料	结构、基础及固定方式有设计、验算，项目部技术负责人有审核签认	
2	结构组成	由踏板、梯梁、扶手、梯间平台等组成	
3	结构尺寸	钢斜梯与水平面的倾角宜为30°~45°。偶尔性进入的最大倾角宜为45°，经常性双向通行的最大倾角宜为38°	
		长度不宜大于5m	
		钢斜梯内侧单向通行的净宽度宜为600mm，经常性单向通行及偶尔性双向通行的净宽度宜为800mm，经常性双向通行的净宽度宜为1m	
4	踏板	踏板前后深度不应小于80mm，相邻两踏板的前后方向重叠不应小于10mm，且不大于35mm。顶部踏板的上表面应与平台平面一致，踏板与平台间应无空隙	
		踏板应采用防滑材料，或至少有不小于25mm宽的防滑突缘，并留有排水通道	
		踏步高度不宜大于200mm，在同一梯段内，踏步高与踏步宽的组合应保持一致	
		常用的钢斜梯倾角与对应的踏步高r、踏步宽g组合（$g+2r=600$）见表4-2	
5	梯梁	梯梁应设置在钢斜梯的踏板两侧，并应由底部踏板的突缘向前突出不小于50mm	
6	扶手	扶手中心线应与梯梁的倾角线平行，扶手高度宜为900mm	
		支撑扶手的立柱应从第一级踏板开始设置，间距不宜大于1m	
		应在扶手与钢斜梯中间设置一道中间栏杆	
7	梯间平台	长度大于5m的钢斜梯应设梯间平台，并分段设梯	
		梯间平台的宽度不应小于钢斜梯的宽度，且不小于760mm；梯间平台的行进方向的长度不应小于梯子的宽度，且不小于850mm	
		梯间平台之间的垂直距离不应小于2m	

续表 A-4

序号	项目	验收（检查）内容	验收（检查）结果
7	梯间平台	梯间平台不得悬挂在梯段上	
		梯间平台底板应平整满铺，相邻板之间不得搭接且表面高度差不宜大于4mm	
		梯间平台临边处应设防护栏杆，并应按扶手验收	
8	材料	踏板可采用厚度不小于3mm的花纹钢板，或经防滑处理的普通钢板，或采用其他等效的结构	
		扶手宜为外径30~50mm、壁厚不小于2.5mm的圆形管材。支撑扶手的立柱宜采用截面不小于40mm×40mm×4mm的角钢或外径为30~50mm的管材；当扶手底部设置挡脚板时，挡脚板宜采用高度不小于180mm、厚度不小于2mm的钢板	
		梯间平台底板宜选用厚度不小于3mm的花纹钢板或经防滑处理的普通钢板，或防滑木质板等其他等效结构材料	
		各构件选用的钢材力学性能不宜低于Q235B，且应符合现行《碳素结构钢》（GB/T 700）等有关规定	
※9	安装	钢斜梯各构件之间宜采用焊接连接，焊接应符合现行《钢结构工程施工质量验收标准》（GB 50205）的有关规定。采用其他方式连接时，连接强度应不低于焊接	
		钢斜梯上端与平台梁相连接时，连接处宜采用开长圆孔的螺栓连接。钢斜梯下端应放置在平整且具备足够承载能力的平面上	
		梯间平台与支撑结构应刚性连接。支撑体系采用悬臂梁式时，其节点应采用螺栓或焊接的刚性连接	
※10	外观	各构件安装后不应有歪斜、扭曲、变形及其他缺陷	
		表面应光滑，无锐边、尖角、毛刺、裂纹、焊渣或明显锤痕等可能对梯子使用者造成伤害或妨碍其通过的外部缺陷	
		防锈防腐涂装涂层应均匀、牢固，无明显的堆漆、漏漆等缺陷	
		钢斜梯基础应稳固，梯脚应垫平	
		长时间不用的钢斜梯应堆放整齐并用防潮布遮盖	
		钢斜梯上不得堆放物料	
11	工序特殊要求		
意见及签名	项目部施工员		验收（检查）结论
	项目部安全负责人		
	项目部负责人		
	安全监理工程师		
	建设单位安全管理人员		

注：应记录基础处理方式、钢斜梯最高一阶踏板与作业平台高差等情况。

移动式钢斜梯安全验收（检查）表

表 A-5

验收□　　※检查□　　　　　　　　　　　　　　　　　　　　　　　　　　编号：

项目名称		合同段	
监管部门		建设单位	
施工单位		监理单位	
工程部位		验收（检查）时间	

序号	项目	验收（检查）内容	验收（检查）结果
1	设计资料	结构、基础及固定方式有设计、验算、试验，项目部技术负责人有审核签认	
2	结构组成	由主体框架、踏板、平台、扶手等组成	
3	结构要求	移动式钢斜梯的设计应避免产品意外滑动或致使用者滑倒。踏棍、踏板和平台表面应进行防滑处理，如增加条纹或采用花纹钢板。如通过覆盖物防滑，覆盖物应与踏板或踏棍牢固黏合	
		在使用说明书规定的使用状态下使用时，踏棍或踏板和平台应保持水平	
4	主体框架	主体框架应包括支撑腿、攀爬腿及张开限制拉杆	
		长度不宜大于5m，单向通行的内侧净宽度宜为600mm，经常性单向通行及偶尔性双向通行的净宽度宜为800mm，经常性双向通行的净宽度宜为1m	
		攀爬腿与水平面的倾角宜在45°~75°范围内	
5	踏板	应按表A-4验收，踏步高 r、踏步宽 g 的组合应符合表4-3的规定	
6	平台	平台长、宽均应在400mm~1m	
		平台在水平地面上的投影不应超出梯子与地面的接触区域	
		平台应牢固固定到梯子上，除了攀爬的一侧，在其他侧面都应安装挡脚板，挡脚板上沿应至少高出平台50mm	
7	扶手	应按表A-4验收	
※8	滚轮	安装滚轮时，滚轮应坚实可靠、使用方便、带锁止装置	
9	材料	各构件选用的钢材力学性能不宜低于Q235B，且应符合现行《碳素结构钢》（GB/T 700）等有关规定	
※10	安装	移动式钢斜梯各构件之间宜采用焊接连接，焊接要求应符合现行《钢结构工程施工质量验收标准》（GB 50205）的有关规定。采用其他方式连接时，连接强度应不低于焊接	
		移动式钢斜梯的地基应坚实平整，梯脚应垫平	

续表 A-5

序号	项目	验收（检查）内容	验收（检查）结果
※11	外观	各构件安装后不应有歪斜、扭曲、变形及其他缺陷	
		表面应光滑，无锐边、尖角、毛刺、裂纹、焊渣或明显锤痕等可能对梯子使用者造成伤害或妨碍其通过的外部缺陷	
		防锈防腐涂装涂层均匀、牢固，无明显的堆漆、漏漆等缺陷	
		长时间不用的移动式钢斜梯应堆放整齐并用防潮布遮盖	
12	工序特殊要求		
意见及签名	项目部施工员		验收（检查）结论
	项目部安全负责人		
	项目部负责人		
	安全监理工程师		
	建设单位安全管理人员		

钢直梯安全验收（检查）表

表 A-6

项目名称		合同段	
监管部门		建设单位	
施工单位		监理单位	
工程部位		验收（检查）时间	

序号	项目	验收（检查）内容	验收（检查）结果
1	设计资料	结构、基础及固定方式有设计、验算，项目部技术负责人有审核签认	
2	结构组成	主要由踏棍、梯梁、护笼、梯间平台等组成	
3	结构尺寸	钢直梯应与其固定的结构表面平行并尽可能垂直水平面设置，同一梯段高度不宜大于8m，梯宽宜为600~1 100mm。当受条件限制不能垂直水平面时，两梯梁中心线所在平面与水平面倾角应在75°~90°范围内	
4	踏棍	梯间踏棍应相互平行且水平设置，整个攀登高度上所有的踏棍垂直间距应相等，相邻踏棍垂直间距宜为300mm，梯子下端的第一级踏棍距基准面距离不应大于450mm	
		在同一攀登高度上踏棍的截面形状及尺寸应一致；圆形踏棍直径不应小于20mm，其他截面形状的踏棍水平方向深度不应小于20mm；踏棍截面直径或外接圆直径不应大于35mm	
		室外使用的钢直梯踏棍应有附加的防滑措施	
5	梯梁	梯梁不应采用不便于手握紧的不规则形状截面，不应在中间支撑处出现接头。同一攀登高度上梯梁应保持相同形状，长细比不宜大于200	
6	护笼	钢直梯高度大于2m时应设护笼	
		护笼宜采用圆形结构，应包括一组水平笼箍和至少5根纵向连接立杆。护笼间距宜为500mm，直径宜为750mm；立杆间距不应大于300mm，均匀分布	
		护笼底部宜呈喇叭形，此时其底部水平笼箍和上一级笼箍间在圆周上的距离不小于100mm	
		装在结构内部的直梯，如果结构件的布置能够保证直径为600mm的球体不能穿过，则可不设护笼	
		如梯子在平台处不中断，则护笼也不应中断，但应在护笼侧面开一宽为500mm、高为1.4m的洞口，以便人员出入	

续表 A-6

序号	项目	验收（检查）内容	验收（检查）结果
7	梯间平台	钢直梯高度大于8m应设梯间平台，并分段设梯；高度大于15m应每5m设一梯间平台	
		梯间平台宽度、长度均不应小于700mm	
		梯间平台之间的垂直距离不应小于2m	
		梯间平台底板应平整满铺，相邻板之间表面高度差不宜大于4mm	
		梯间平台临边处应设防护栏杆，应按表A-1验收	
8	材料	正常环境下，梯梁宜采用不小于60mm×10mm的扁钢，或具有等效强度的槽钢等其他实心或空心型钢材；在潮湿或腐蚀等非正常环境下，梯梁宜采用不小于60mm×12mm的扁钢，或具有等效强度的槽钢等其他实心或空心型钢材	
		水平笼箍宜采用不小于50mm×6mm的扁钢；笼箍立杆宜采用不小于40mm×5mm的扁钢；也可使用具有等效强度的槽钢等其他实心或空心型钢材	
		梯间平台底板宜选用厚度不小于3mm花纹钢板或经防滑处理的普通钢板，或防滑木质板等其他等效结构材料	
		钢直梯各构件选用的钢材力学性能不宜低于Q235B，且应符合现行《碳素结构钢》（GB/T 700）等有关规定	
※9	安装	钢直梯各构件应采用焊接连接，焊接要求应符合现行《钢结构工程施工质量验收标准》（GB 50205）的有关规定。采用其他方式连接时，连接强度应不低于焊接	
		无基础的钢直梯，至少焊两对支撑，将梯梁固定在结构、建筑物或设备上。相邻两对支撑的竖向间距，应根据梯梁截面尺寸、梯子内侧净宽度及其在钢结构或混凝土结构的拉拔载荷特性确定。固定直梯的支撑应采用不小于∠70×6的角钢	
		安装在固定结构上的钢直梯，应下部固定，其上部的支撑与固定结构牢固连接，在梯梁上开设长圆孔，采用螺栓连接	
		固定在设备上的钢直梯当温差较大时，相邻支撑中应一对支撑完全固定，另一对支撑在梯梁上开设长圆孔，采用螺栓连接	
		梯间平台与支撑结构应刚性连接。支撑体系采用悬臂梁式时，其节点应采用螺栓或焊接的刚性连接	

续表 A-6

序号	项目	验收（检查）内容	验收（检查）结果
※10	外观	不应有歪斜、扭曲、变形及其他缺陷	
		表面应光滑，无锐边、尖角、毛刺、裂纹、焊渣或明显锤痕等可能对梯子使用者造成伤害或妨碍其通过的外部缺陷	
		防锈防腐涂装涂层应均匀、牢固，无明显的堆漆、漏漆等缺陷	
		长时间不用的钢直梯应堆放整齐并用防潮布遮盖	
11	工序特殊要求		
意见及签名	项目部施工员		验收（检查）结论
	项目部安全负责人		
	项目部负责人		
	安全监理工程师		
	建设单位安全管理人员		

附录 A 安全防护设施验收（检查）表

人行塔梯安全验收（检查）表

表 A-7

验收□　※检查□　　　　　　　　　　　　　　　　　　　　　　　　　　　编号：

项目名称		合同段	
监管部门		建设单位	
施工单位		监理单位	
工程部位		验收（检查）时间	

序号	项目	验收（检查）内容	验收（检查）结果
1	设计资料	结构、基础及固定方式有设计、验算，项目部技术负责人有审核签认	
2	结构组成	由外框架、斜撑、钢斜梯、安全网、梯间平台、防物体打击防护棚等组成	
3	外框架	采用钢管或型钢制作，每层高度不应小于 1.9m	
4	斜撑	当人行塔梯高度在 24m 以下时，斜撑杆或交叉拉杆的覆盖面积可按外立面的 1/8～1/6 布设；当人行塔梯高度在 24m 以上时，斜撑杆或交叉拉杆的覆盖面积可按外立面的 1/4～1/3 布设	
		相邻竖向斜撑杆应朝向对称呈八字形设置	
5	钢斜梯	按表 A-4 验收，有钢丝网或钢板网防护的一侧可不设置扶手	
6	安全网	人行塔梯四周应采用钢丝网或钢板网封闭。下方有人员及车辆通行或作业的，应挂密目式钢丝安全立网封闭	
7	梯间平台	梯间平台的宽度不应小于钢斜梯的宽度，且不小于 760mm；梯间平台行进方向的长度不应小于人行塔梯的宽度，且不小于 850mm	
		梯间平台不得悬挂在梯段上	
		顶部和各节平台应设置防护栏杆，并应按表 A-1 验收	
		梯间平台底板应平整满铺，相邻板之间不得搭接且表面高度差不宜大于 4mm	
※8	基础	应根据产品说明书要求设置	
		宜采用厚度不小于 300mm 的混凝土浇筑，硬化范围不应小于人行塔梯底框外沿 500mm，也可采用其他经过设计、检测的结构形式	

续表 A-7

序号	项目	验收（检查）内容	验收（检查）结果
9	防物体打击防护棚	人行塔梯出入口应根据高处作业高度与可能坠落半径搭设防物体打击防护棚，按表 A-2 验收	
10	材料	梯间平台底板宜选用厚度不小于 3mm 花纹钢板或经防滑处理的普通钢板，或防滑木质板等其他等效结构材料	
		基础所用混凝土强度应不小于 C20	
		各构件选用的钢材力学性能不宜低于 Q235B，且应符合现行《碳素结构钢》（GB/T 700）等有关规定；钢丝网、钢板网力学性能不应低于 Q235，且应符合现行《安全网》（GB 5725）、《钢板网》（GB/T 33275）等有关规定	
※11	安装	各构件之间可采用扣件、焊接、定型套管、螺栓、销轴等方式进行连接固定；塔梯连接螺栓应紧固，并应采取防退扣措施	
		可根据设施具体情况，通过螺栓或销轴固定方式分节安装上、下层平台框	
		用电线路不宜装设在塔梯上，必须装设时，线路与塔体间应绝缘	
		人行塔梯高度大于 5m 时，每上升 4～6m 应设置连墙件	
		人行塔梯基础应稳固，四脚应垫平，底部与基础之间应采用预埋地脚螺栓固定连接	
		各构件之间的连接和固定，构件与地面之间的固定等应符合相关规范的规定，且受力满足设计文件或方案的要求	
※12	连墙件	连墙件应采用能承受压力和拉力的刚性杆件，采用拉撑结合、预埋钢管、后锚固或箍柱等方式与结构物连接	
		连墙件应与建筑结构和塔梯连接牢固，严禁与支撑性支架连接	
		连墙件应靠近塔梯的横杆设置，连接点至横杆、立杆节点距离不应大于 300mm，并固定在塔梯的立杆上	
		连墙件宜水平设置，当不能水平设置时，与人行塔梯连接的一端，应低于与建筑结构连接的一端，连墙杆的坡度宜小于 1∶3	
		连墙件的安装必须随人行塔梯搭设同步进行，严禁滞后安装；当人行塔梯操作层高出相邻连墙件 2 个步距及以上时，在上层连墙件安装完毕前，必须采取临时拉结措施	
		当无法设置连墙件时，应制定其他可靠的固定措施，并进行专项设计	

续表 A-7

序号	项目	验收（检查）内容	验收（检查）结果
※13	外观	各构件不得歪斜、扭曲、变形	
		平台底板满铺，平整无明显错台，可靠固定	
		表面应光洁，无毛刺、裂纹、焊渣或明显锤痕等外观缺陷	
		切割部位锉平磨光，边角整齐	
		地基应坚实平整、无明显变形，基础四周应有防排水设施，无积水	
		安全警示色、防锈漆应涂层均匀、牢固，不得有明显的堆漆、漏漆等缺陷	
		出入口宜设置警示、隔离类设施进行围蔽，禁止无关人员入内	
		醒目位置应张贴设施验收牌、安全使用规程及同时上下人数，夜间施工时上下道口应设置警示灯	
		仅用于人员往返，严禁用于物料运输和承重，或用作其他设施设备的架体	
		长时间不用的人行塔梯应堆放整齐并用防潮布遮盖	
		基础下不得进行挖掘作业；当因施工需要在基础附近进行挖掘作业时，应对架体采取加固措施	
		杆件、连墙件无缺失、松动、悬空，架体无明显变形	
14	工序特殊要求		
意见及签名	项目部施工员		验收（检查）结论
	项目部安全负责人		
	项目部负责人		
	安全监理工程师		
	建设单位安全管理人员		

注：应记录人行塔梯出口处踏板与作业平台高差、基础沉降等情况。

高处作业水平通道安全验收（检查）表

表 A-8

验收□　　※检查□　　　　　　　　　　　　　　　　　　　　　　　　　　编号：

项目名称		合同段	
监管部门		建设单位	
施工单位		监理单位	
工程部位		验收（检查）时间	

序号	项目	验收（检查）内容	验收（检查）结果
1	设计资料	结构及固定方式有设计、验算，项目部技术负责人有审核签认	
2	结构组成	由底部支撑、通道底板和防护栏杆等组成	
3	结构尺寸	行走宽度不应小于750mm，通道与水平面的坡度不应大于1：3	
※4	底部支撑	底部支撑宜采用纵梁加横撑组合结构，与相邻构筑物固定牢靠；当搭接到构筑物上时，搭接长度不应小于500mm，并应采取防推移措施	
5	通道底板	通道底板应平整满铺，相邻板之间不得搭接，且表面高度差不宜大于4mm	
		表面如有坡度应加设间距不大于400mm的防滑条或采取其他防滑措施	
		通道底板应留有排水通道	
6	防护栏杆	按表 A-1 验收	
7	材料	底部支撑宜选用型钢	
		通道底板宜选用厚度不小于3mm的花纹钢板或经防滑处理的普通钢板，或防滑的钢脚手板、木质板等其他等效结构材料	
		各构件选用的钢材力学性能不宜低于Q235B，且应符合现行《碳素结构钢》（GB/T 700）等有关规定	
※8	安装	高处作业水平通道的各构件之间应按照设计要求进行连接固定，应保证设计的结构强度	
		高处作业水平通道各构件之间的连接和固定，构件与相邻构筑物之间的固定等应符合相关规范的规定	

续表 A-8

序号	项目	验收（检查）内容	验收（检查）结果
※9	外观	通道钢梁应平直，各构件不得有歪斜、扭曲、变形、破损及其他缺陷	
		通道底板应满铺、平整、无明显错台	
		应在明显位置标明允许负载值的限载牌及限定允许的作业人数	
10	工序特殊要求	构件无缺失、松动	
意见及签名	项目施工员		验收（检查）结论
	项目部安全负责人		
	项目部负责人		
	安全监理工程师		
	建设单位安全管理人员		

悬挑式作业平台安全验收（检查）表

表 A-9

验收□　　※检查□　　　　　　　　　　　　　　　　　　　　　　　　编号：

项目名称			合同段	
监管部门			建设单位	
施工单位			监理单位	
工程部位			验收（检查）时间	

序号	项目	验收（检查）内容	验收（检查）结果
1	设计资料	结构、基础及固定方式有设计、验算，项目部技术负责人有审核签认	
2	结构组成	由支撑体系、平台底板、防护栏杆等组成	
3	结构尺寸	悬挑长度不宜大于5m	
		悬挑式作业平台到上方障碍物的垂直距离不宜小于2m，单人偶尔使用时垂直距离可适当减少，但不应小于1.9m	
		平台上作业场地的大小应充分考虑施工人员的作业安全	
4	支撑体系	采用斜拉方式的悬挑式作业平台，平台两侧的连接吊环应与前后两道斜拉钢丝绳连接，每一道钢丝绳应能承载该侧所有荷载。当采用仅靠拉力的固定件时，其工作荷载系数应不小于1.5，设计时应考虑腐蚀和疲劳应力对固定件寿命的影响	
		采用支承方式的悬挑式作业平台，应在钢平台下方设置不少于两道斜撑，斜撑的一端应支承在平台主结构钢梁下，另一端应支承在建筑物主体结构	
		采用悬臂梁式的操作平台，其节点应采用螺栓或焊接的刚性节点。当平台板上的主梁采用与主体结构预埋件焊接时，预埋件、焊缝均应经设计计算，建筑主体结构应同时满足强度要求	
5	平台底板	应平整满铺，相邻板之间不得搭接且表面高度差不宜大于4mm	
		平台板表面如有坡度应加设防滑条或采取其他防滑措施	
		悬挑式作业平台的外侧应略高于内侧	
6	防护栏杆	悬挑式作业平台的所有敞开边缘应根据作业工序选择1.2m防护栏杆或1.5m防护栏杆，按表A-1验收。宜选用固定式防护栏杆	

续表 A-9

序号	项目	验收（检查）内容	验收（检查）结果
7	材料	悬臂梁式的操作平台应采用型钢制作悬挑梁或悬挑桁架，不得使用钢管	
		平台底板宜选用厚度不小于 3mm 的花纹钢板，或经防滑处理的普通钢板，或冲孔钢板网，或其他等效结构的材料	
		各构件选用的钢材力学性能不宜低于 Q235B，且应符合现行《碳素结构钢》（GB/T 700）等有关规定。钢丝网、钢板网力学性能不应低于 Q235，且应符合现行《安全网》（GB 5725）、《钢板网》（GB/T 33275）等有关规定	
※8	安装	各构件之间可视需要采用扣件、焊接、定型套管、螺栓、销轴等方式进行连接固定，应保证设计的结构强度。连接螺栓应紧固，并应采取防退扣措施	
		支撑体系采用悬臂梁式时，其节点应采用螺栓或焊接的刚性连接	
		支撑体系采用斜拉式时，作业平台应与支撑结构刚性连接，不应仅靠自重安装固定	
		搁置点、拉结点、支撑点应设置在稳定的结构上，且应可靠连接	
		悬挑式作业平台各构件之间、平台与支撑结构之间的连接固定等应符合相关规范的规定，受力满足设计文件或方案的要求	
※9	外观	平台钢梁应平直，各构件不得有歪斜、扭曲、变形、破损及其他缺陷	
		平台底板应满铺，平整无明显错台，可靠固定	
		应在平台的内侧设置标明允许负载值的限载牌及限定允许作业人数，不得超重；设备、材料在平台上应对称均匀放置，严禁超荷载或偏压堆放物料；应配备消防器材	
		构件无缺失、松动	
10	工序特殊要求		

意见及签名	项目部施工员		验收（检查）结论
	项目部安全负责人		
	项目部负责人		
	安全监理工程师		
	建设单位安全管理人员		

落地式作业平台安全验收（检查）表

表 A-10

验收□　　※检查□　　　　　　　　　　　　　　　　　　　　　　　编号：

项目名称		合同段	
监管部门		建设单位	
施工单位		监理单位	
工程部位		验收（检查）时间	

序号	项目	验收（检查）内容	验收（检查）结果
1	设计资料	结构、基础及固定方式有设计、验算，项目部技术负责人有审核签认	
2	结构组成	由支撑体系、钢斜梯、平台底板、防护栏杆、安全网等组成	
3	结构尺寸	平台高度不宜大于15m，高宽比不大于3:1	
		每层作业平台到上方障碍物的垂直距离不应小于2m，单人偶尔使用时垂直距离可适当减少，但不应小于1.9m	
		平台上作业场地的大小应充分考虑施工人员的作业安全	
4	支撑体系	当用钢管搭设落地式作业平台时，其立杆间距和步距、剪刀撑、扫地杆等构造要求应符合现行《建筑施工脚手架安全技术统一标准》（GB 51210）的有关规定	
		当用型钢搭设时，构造要求应符合《钢结构设计标准》（GB 50017）的规定	
5	钢斜梯	应按表A-4验收，有钢丝网或钢板网防护的一侧可不设置扶手	
6	平台底板	应按表A-9验收	
7	防护栏杆	每层作业平台所有敞开边缘均应设置高1.2m，带挡脚板、安全网的防护栏杆，应按表A-1验收	
8	安全网	落地式作业平台下方有人员及车辆通行或作业的，四周应用密目式阻燃安全网封闭	
9	基础	基础宜采用混凝土硬化，硬化范围应大于支撑立杆外沿500mm	
10	材料	基础所用混凝土强度应不小于C20	
		其他构件材料应按表A-9验收	

续表 A-10

序号	项目	验收（检查）内容	验收（检查）结果
※11	安装	各构件之间可采用扣件、焊接、定型套管、螺栓、销轴等方式进行连接固定	
		落地式作业平台应与构筑物进行刚性连接或设置连墙件等防倾覆措施，不得与其他临时结构物连接。设置连墙件时，按表 A-7 验收。落地式作业平台宜一次搭设成型	
		落地式工作平台应稳固。面板与支撑结构应连接牢固，悬臂板应采取有效的加固措施	
		作业平台各构件之间的连接和固定，构件与地面基础之间的连接固定等应符合相关规范的规定，受力满足设计文件或方案的要求	
※12	外观	平台钢梁应平直，各构件不得有歪斜、扭曲、变形、破损及其他缺陷	
		平台底板应满铺，平整无明显错台，可靠固定	
		地基应坚实平整，地基无明显变形，基础四周应有防排水设施，无积水	
		应在平台的内侧设置标明允许负载值的限载牌并限定允许作业人数，不得超重；设备、材料在平台上应对称均匀放置，严禁超荷载或偏压堆放物料	
		出入口宜设置警示、隔离类设施进行围蔽，禁止无关人员、车辆入内	
		醒目位置应张贴悬挂安全使用规程，夜间施工上下道口时应设置警示灯	
		严禁用作其他设施设备的架体	
		基础下不得进行挖掘作业；当因施工需要在基础附近进行挖掘作业时，应对架体采取加固措施	
		落地式作业平台应配备消防器材	
		杆件、连墙件无缺失、松动、悬空，架体无明显变形	
13	工序特殊要求		
意见及签名	项目部施工员		验收（检查）结论
	项目部安全负责人		
	项目部负责人		
	安全监理工程师		
	建设单位安全管理人员		

注：应记录落地式作业平台出口处与施工作业平台高差等情况。

移动式作业平台安全验收（检查）表

表 A-11

验收□　　※检查□　　　　　　　　　　　　　　　　　　　　　编号：

项目名称		合同段	
监管部门		建设单位	
施工单位		监理单位	
工程部位		验收（检查）时间	

序号	项目	验收（检查）内容	验收（检查）结果
1	设计资料	结构有设计、验算，项目部技术负责人有审核签认	
2	结构组成	由支撑体系、平台底板、防护栏杆、钢直梯和滚轮等组成	
3	结构尺寸	面积不宜大于10m²，高度不宜大于5m，高宽比不应大于2∶1	
4	支撑体系	宜采用桁架或刚架结构	
		部分为悬挑式平台时，支撑体系应按表A-9验收	
5	平台底板	应按表A-9验收	
6	防护栏杆	应按表A-9验收	
7	钢直梯	应按表A-6验收	
※8	滚轮	移动式作业平台立柱底端高出地面不宜超过80mm，行走轮和导向轮应配有制动器或刹车闸等制动措施	
9	材料	应按表A-9验收	
※10	安装	移动式作业平台的各构件之间可采用扣件、焊接、定型套管、螺栓、销轴等方式进行连接固定。移动式作业平台的滚轮与平台架体宜通过螺栓连接	
		移动式作业平台的基础应坚实平整	
		移动式作业平台各构件之间的连接和固定，构件与地面基础之间的连接固定等应符合相关规范的规定，受力满足设计文件或方案的要求	
※11	外观	平台钢梁应平直，各构件不得有歪斜、扭曲、变形、破损及其他缺陷	
		平台底板满铺，平整无明显错台，可靠固定	
		应在平台的内侧设置标明允许负载值的限载牌并限定允许作业人数，不得超重；设备、材料在平台上应对称均匀放置，严禁超荷载或偏压堆放物料	
		构件无缺失、松动	
		基础应坚实平整，且应满足承载力要求	
12	工序特殊要求		

意见及签名	项目部施工员		验收（检查）结论	
	项目部安全负责人			
	项目部负责人			
	安全监理工程师			
	建设单位安全管理人员			

护轮坎安全验收（检查）表

表 A-12

验收□　　※检查□　　　　　　　　　　　　　　　　　　　　　　　　编号：

项目名称			合同段	
监管部门			建设单位	
施工单位			监理单位	
工程部位			验收（检查）时间	

序号	项目	验收（检查）内容	验收（检查）结果
1	结构组成	主要由面板、底板、加劲肋等组成	
2	结构形式	断面形状可采用直角形、外坡形或内坡形，其边角应修圆	
3	结构尺寸	高度宜为 250~300mm，底部宽度宜为 300~400mm	
4	材料	宜采用钢结构	
5	附属设施	宜采用钢板护角，断开的端部可采用圆弧形钢板全包防护	
※6	安装	护轮坎与栈桥面的焊接、螺栓连接等应符合现行《钢结构设计标准》（GB 50017）、《钢结构工程施工质量验收标准》（GB 50205）等有关规定，安装后应满足车辆防撞承载力	
※7	外观	切割部位应锉平磨光，边缘整齐	
		护轮坎安装后不得歪斜、扭曲、变形	
		安全警示色和防锈漆涂层应均匀、牢固，无明显的堆漆、漏漆等缺陷	
8	工序特殊要求		

意见及签名	项目部施工员		验收（检查）结论
	项目部安全负责人		
	项目部负责人		
	安全监理工程师		
	建设单位安全管理人员		

防船撞设施安全验收（检查）表 表 A-13

验收□　　※检查□　　　　　　　　　　　　　　　　　　　　　　　　　　　编号：

项目名称				合同段	
监管部门				建设单位	
施工单位				监理单位	
工程部位				验收（检查）时间	

序号	项目		验收（检查）内容	验收（检查）结果
1	独立式防撞墩	设计资料	结构、基础及固定方式有设计、验算，项目部技术负责人有审核签认	
		结构组成	由钢管桩、平联、斜撑等组成	
		结构布设	应设置在迎船面，钢管桩桩顶应高于设计最高水位	
		钢管桩	钢管桩之间应采用钢管平联、斜撑连接，可灌注水下混凝土以增加稳定性	
		※附属设施	独立式防撞墩宜设置橡胶护舷，宜根据潮汐水位分层设置	
			独立式防撞墩应设警示标识，夜间警示灯	
		※安装	应按照专项设计方案中的数量、间距、入土深度等安装钢管桩	
			钢管桩可通过打桩船施打，沉放标准应满足设计要求的入土深度及最终贯入度	
			独立式防撞墩平联、斜撑与防撞桩应在钢管桩沉放到位后及时连接，连接应采用焊接形式，且应符合相关规范的规定	
※2	助航设施	结构布设	适用于在航道内的围堰施工，航标布置应按照专项航道调整方案执行	
		安装	应由航道主管部门实施，按照专项航道调整方案执行	
※3	警示标志	结构布设	应设置在围堰外侧四周，宜选择爆闪灯、警示灯带等设施，灯具应符合现行《公路 LED 照明灯具》（JT/T 939）的有关规定	
		安装	警示标志中爆闪灯、警示灯带应牢固安装在围堰外壁，照明灯具应通过灯杆或灯架焊接在围堰顶部	
※4	防撞护舷	结构布设	围堰为永久结构时，应采用防撞护舷作为其防撞设施，橡胶护舷应布置在船舶吃水深度范围内，且应符合现行《橡胶护舷》（HG/T 2866）的有关规定	
		安装	橡胶护舷应按设计要求固定在围堰外壁	
5	工序特殊要求			

意见及签名	项目部施工员		验收（检查）结论	
	项目部安全负责人			
	项目部负责人			
	安全监理工程师			
	建设单位安全管理人员			

注：应记录安装时水位等情况。

附录 A 安全防护设施验收（检查）表

缆风绳安全验收（检查）表

表 A-14

验收□　　※检查□　　　　　　　　　　　　　　　　　　　　编号：

项目名称		合同段	
监管部门		建设单位	
施工单位		监理单位	
工程部位		验收（检查）时间	

序号	项目	验收（检查）内容	验收（检查）结果
1	设计资料	结构、基础及固定方式有设计、验算，项目部技术负责人有审核签认	
2	结构组成	由钢丝绳、地锚、吊环、紧索装置等组成	
3	结构尺寸	缆风绳应对称布置，预紧力相等，与水平面夹角宜在 45°~60°之间	
4	钢丝绳	钢丝绳直径不小于 9.3mm，安全系数不小于 3.5	
		缆风绳末端使用绳夹连接固定，绳夹数量满足表 5-1 的要求，每个绳夹的间距为 6~7d，最后一个绳夹距绳端的长度不应小于 140mm；绳夹夹座应在钢丝绳承载时受力的一侧，U 形螺栓应在钢丝绳的尾端，不得正反交错；绳夹宜拧紧到使两绳直径高度降低 1/3	
		钢丝绳底部宜设置套管	
5	地锚	地锚分为全埋式和半埋式	
6	吊环	宜呈"几"字形预埋入地锚并应焊接或绑扎在地锚钢筋骨架上，预埋深度不宜小于 30d（d 为吊环钢筋或圆钢的直径）。禁止不使用吊环直接将钢丝绳埋入混凝土地锚内部	
7	紧索装置	应设置紧索装置，可采用花篮螺栓	
8	材料	地锚宜采用钢筋混凝土制作，混凝土强度等级宜不低于 C30，锚筋应采用 HRB400 或 HPB300 钢筋，不应采用冷加工钢筋	
		吊环应采用未经冷加工的 HPB300 钢筋或 Q235B 圆钢，规格应不小于 ϕ20 圆钢	
		套管宜采用 PVC 管	
※9	安装	缆风绳与吊环之间宜采用花篮螺栓连接，花篮螺栓强度应与缆风绳强度相匹配	
		缆风绳各构件之间的连接和固定，地锚固定等应符合相关规范的规定，受力满足设计文件或方案的要求	

续表 A-14

序号	项目	验收（检查）内容	验收（检查）结果
※10	外观	钢丝绳的磨损、断丝不得超标	
		钢丝绳与预埋吊环牢固连接，地锚混凝土无蜂窝、麻面等病害	
		套管、地锚应使用安全警示色。安全警示色和防锈涂层应均匀、牢固，无明显的堆漆、漏漆等缺陷	
11	工序特殊要求		

意见及签名	项目部施工员		验收（检查）结论
	项目部安全负责人		
	项目部负责人		
	安全监理工程师		
	建设单位安全管理人员		

附录 A 安全防护设施验收（检查）表

门式起重机抗风防滑装置安全验收（检查）表   表 A-15

验收□　　※检查□　　　　　　　　　　　　　　　　　　　　　　编号：

项目名称		合同段	
监管部门		建设单位	
施工单位		监理单位	
工程部位		验收（检查）时间	

序号	项目	验收（检查）内容	验收（检查）结果
1	结构组成	应按照起重机使用说明配备夹轨器、防风铁楔等。台风或突风影响地区，应设缆风绳	
2	夹轨器	台风多发地区宜采用液压式夹轨器及机械式夹轨器的组合	
3	防风铁楔	防风铁楔应采用楔形设计，楔形舌尖应能插入车轮踏面和轨道顶面之间。防风铁楔宜选用型钢材料，连接强度需满足结构设计要求	
4	缆风绳	应按表 A-14 验收	
※5	附属设施	应在防风装置附近的醒目位置张贴、悬挂安全警示标识标牌和相应安全使用规程	
※6	安装	夹轨器安装后，各节点应转动灵活，夹钳、连杆、弹簧、螺杆和闸瓦不应有裂纹和变形。夹轨器工作时，闸瓦应在轨道的两侧加紧，钳口的开度应符合随机技术文件的规定，张开时不应与轨道相碰	
※7	外观	不得歪斜、扭曲、变形、破损及其他缺陷	
		门式起重机停止使用时，应锁紧夹轨器，安装防风铁楔	
		缆风绳不得随意拆除	
8	工序特殊要求		

意见及签名	项目部施工员		验收（检查）结论	
	项目部安全负责人			
	项目部负责人			
	安全监理工程师			
	建设单位安全管理人员			

注：应用塞尺检查夹轨器与轨道是否紧密。

轨道端部止挡安全验收（检查）表

表 A-16

验收☐　　※检查☐　　　　　　　　　　　　　　　　　　　　　　　　　　编号：

项目名称		合同段	
监管部门		建设单位	
施工单位		监理单位	
工程部位		验收（检查）时间	

序号	项目	验收（检查）内容	验收（检查）结果
1	结构组成	主要由前挡板、斜撑、底座组成	
2	结构尺寸	立柱宜高出轨道顶面不小于500mm，斜撑与轨道面夹角宜为30°	
※3	附属设施	轨道端部止挡上应安装行程限位触发装置，前挡板宜安装缓冲橡胶垫板	
4	材料	宜采用工字钢，且应满足抗冲击要求。其钢材力学性能不宜低于Q235B，且应符合现行《碳素结构钢》（GB/T 700）等有关规定	
※5	安装	轨道端部止挡各构件之间应采用焊接进行牢固可靠的连接固定。轨道两端的车挡应在吊装起重机前安装好，同一跨端轨道上的车挡与起重机的缓冲器均应接触良好	
		轨道端部止挡与轨道基础之间宜采用螺栓连接，并应采用防松脱垫片	
		轨道端部止挡各构件之间的焊接、螺栓连接应符合现行《钢结构工程施工质量验收标准》（GB 50205）、《钢结构焊接规范》（GB 50661）、《紧固件机械性能 螺栓、螺钉和螺柱》（GB/T 3098.1）等有关规定	
※6	外观	各构件不得歪斜、扭曲、变形	
		使用夜间反光效果的安全警示色，安全警示色、防锈漆应涂层均匀、牢固，不得有明显的堆漆、漏漆等缺陷	
7	工序特殊要求		

意见及签名	项目部施工员		验收（检查）结论	
	项目部安全负责人			
	项目部负责人			
	安全监理工程师			
	建设单位安全管理人员			

围栏安全验收（检查）表

表 A-17

验收□　　※检查□　　　　　　　　　　　　　　　　　　　　　编号：

项目名称		合同段	
监管部门		建设单位	
施工单位		监理单位	
工程部位		验收（检查）时间	

序号	项目	验收（检查）内容	验收（检查）结果
1	结构组成	由横杆、立柱、基础、围蔽挡板等组成	
2	结构尺寸	围栏内应留有不小于1m的巡视或检修通道	
		沥青罐、燃油罐、易燃易爆气体等存储区的围栏应符合现行《建筑设计防火规范》（GB 50016）等相关规范要求	
3	横杆	变压器、室外配电柜（一级）等机电设备应设置不低于1.7m高的围栏，并应在明显位置悬挂警示标识	
		用于塔吊基础隔离的围栏的上横杆距地高度不应小于1.8m	
		其他固定式围栏的上横杆高度可根据有关规定或实际需要确定	
4	围蔽挡板	用于厂区功能分区的围栏宜设置围蔽挡板	
		围蔽挡板高度不宜超过2.5m，当高度超过1.5m时，宜设置斜撑，斜撑与水平地面的夹角宜为45°	
		设置围蔽挡板时，立柱间距不宜大于3.6m	
		围蔽挡板与地面之间应保持20~50mm的间距	
		围蔽挡板应满足承载力、抗风性、稳定性等要求	
5	材料	横杆、立柱宜采用型钢或钢管	
		围蔽挡板可采用彩钢板、夹心板等	
※6	安装	应使用螺栓连接横梁与立柱。彩钢板与横梁之间应采用铆钉或螺栓连接，间距不宜大于200mm	
		围栏的各构件之间的连接和固定，与基础的固定等应符合现行规范规定，受力满足设计文件或方案的要求	
※7	外观	表面应光洁，无毛刺、焊渣及明显锤痕等外观缺陷	
		安全警示色、防锈漆涂层应均匀、牢固，不得有明显的堆漆、漏漆等缺陷	
		围栏两侧堆放材料、机具等不得影响围栏的稳定和功能	
		围栏的醒目位置应张贴、悬挂危险警示标识	
8	工序特殊要求		

意见及签名	项目部施工员		验收（检查）结论	
	项目部安全负责人			
	项目部负责人			
	安全监理工程师			
	建设单位安全管理人员			

张拉防护挡板安全验收（检查）表

表 A-18

验收□　　※检查□　　　　　　　　　　　　　　　　　　　　　编号：

项目名称		合同段	
监管部门		建设单位	
施工单位		监理单位	
工程部位		验收（检查）时间	

序号	项目	验收（检查）内容	验收（检查）结果
1	结构组成	由主体框架、防护板等组成	
2	主体框架	主体框架主要包括横杆、立杆、斜撑等，主体框架上方宜预留钢环，便于吊装移动	
		主体框架应高出最上一组张拉钢筋或冷拉钢筋不少于0.5m，宽出张拉端两侧不小于1m	
3	防护板	防护板包括背板和侧板，宜包括内层板和外层板	
※4	附属设施	可采用轮式装置移动，底部四角安装滚轮应为带刹车装置的万向轮	
5	材料	主体框架宜采用型钢制作，且应满足强度、刚度和稳定性要求	
		防护板内层宜采用为不小于30mm厚的木质板叠合，外层宜为厚度不小于3mm的钢板	
※6	安装	各构件之间连接可采用焊接或栓接方式，防护板可采用铆钉或螺栓固定连接在主体框架上	
		张拉防护挡板宜固定在台座预埋件上	
※7	外观	各构件不得有明显的歪斜、扭曲、变形、破损及其他缺陷	
		主体框架和防护板完整	
8	工序特殊要求		

意见及签名	项目部施工员		验收（检查）结论
	项目部安全负责人		
	项目部负责人		
	安全监理工程师		
	建设单位安全管理人员		

附录 A 安全防护设施验收（检查）表

防撞桶安全验收（检查）表

表 A-19

验收☐　　※检查☐　　　　　　　　　　　　　　　　　　　　编号：

项目名称		合同段	
监管部门		建设单位	
施工单位		监理单位	
工程部位		验收（检查）时间	

序号	项目	验收（检查）内容	验收（检查）结果
1	设计资料	结构有设计、试验，项目部技术负责人有审核签认	
2	结构组成	由桶盖、桶身、横隔板、反光膜、配载物等组成	
3	结构尺寸	直径应为900mm，高应为950mm，壁厚不应小于6mm	
4	桶身	桶身为圆柱形，外表颜色为黄色，为中空形式。防撞桶应有泄气孔，下部可设置排泄口。防撞桶桶身可设计结构件加固	
5	横隔板及配载物	防撞桶内部应设置横隔板，放置水、砂等配载物；横隔板的强度应能承受配载物的自重；加装配载物竖直放置时，配载物不能有内部和外向泄漏。防撞桶装载的水、砂等配载物不宜小于其内部容积的90%	
6	反光膜	反光膜的单条宽度不应小于50mm，连续长度不应小于100mm，反光膜颜色和长度可根据实际情况调整，其外形尺寸允许偏差为+0.5%	
7	材料	防撞桶桶盖、桶身、横隔板所用材料为聚乙烯、聚丙烯或其他以合成树脂为原材料的塑料或硫化橡胶或热塑橡胶等	
		外贴反光膜等级为二级及以上	
※8	安装	桶盖与桶身可通过自身丝扣或自攻螺丝固定	
		防撞桶应布设在固定设施或施工区域来车方向的正前方，防撞桶与固定设施或施工区域之间的距离宜为0.5~2m	
※9	外观	表面不得有裂纹及明显的划痕、凹痕、损伤、颜色不均或变形	
		反光膜表面无皱纹、开裂、边缘翘曲、变形等缺陷	
		防撞桶不得随意拆除、挪用或弃置不用	
		表面污染物应及时清理	
10	工序特殊要求		

意见及签名	项目部施工员		验收（检查）结论
	项目部安全负责人		
	项目部负责人		
	安全监理工程师		
	建设单位安全管理人员		

注：应拍照留存现场布设情况。

防撞墩安全验收（检查）表

表 A-20

验收□　　※检查□　　　　　　　　　　　　　　　　　　　　　编号：

项目名称		合同段	
监管部门		建设单位	
施工单位		监理单位	
工程部位		验收（检查）时间	

序号	项目	验收（检查）内容	验收（检查）结果
1	设计资料	结构、基础及固定方式有设计、验算，项目部技术负责人有审核签认	
2	结构组成	主要由墩身、基础等组成	
3	结构尺寸	防撞墩可设置成矩形，宽度不宜小于300mm，高度不宜小于950mm，相邻防撞墩间距应满足防止车辆冲出的需要	
4	墩身	表面宜采用反光膜及安全警示色	
5	基础	基础应坚实牢固，且应满足承载力要求	
		用于现浇支架跨线施工门洞立杆的基础时，防撞墩应使用扩大式基础，并应满足防撞要求	
6	材料	宜采用强度不低于C30的钢筋混凝土结构	
※7	安装	防撞墩宜采用埋设固定。便道场地受限位置的防撞墩无法埋设牢固的，应结合现场实际预埋钢筋加固连接	
		防撞墩与基础之间的连接和固定，混凝土制作等应符合现行《混凝土结构设计规范》（GB 50010）、《混凝土结构工程施工质量验收规范》（GB 50204）、《钢筋机械连接技术规程》（JGJ 107）等有关规定，受力满足设计文件或方案的要求	
※8	外观	表面应无裂纹或明显的损伤或变形	
		反光膜表面应无皱纹、开裂、边缘翘曲、变形等缺陷，安全警示色应清晰、醒目	
		表面污染物应及时清理	
9	工序特殊要求		

意见及签名	项目部施工员		验收（检查）结论
	项目部安全负责人		
	项目部负责人		
	安全监理工程师		
	建设单位安全管理人员		

注：应拍照留存现场布设情况。

全封闭吊篮安全验收（检查）表

表 A-21

验收□　　※检查□　　　　　　　　　　　　　　　　　　　　　　　编号：

项目名称		合同段	
监管部门		建设单位	
施工单位		监理单位	
工程部位		验收（检查）时间	

序号	项目	验收（检查）内容	验收（检查）结果
1	设计资料	结构、基础及固定方式有设计、验算，项目部技术负责人有审核签认	
2	结构组成	由底部封闭平台、底部支撑和安全网等组成	
3	底部封闭平台	步行板宽度不应小于600mm。平台应使用高度不小于1.2m的钢板围挡封闭四周，高度不宜小于1.2m，厚度不宜小于2mm	
4	底部支撑	底部支撑应采用纵梁加横梁的组合结构，并锚固在挂篮悬吊系统上	
5	安全网	全封闭吊篮四周应用槽钢或钢筋焊接成安全网的骨架，并在端部与底部封闭平台、挂篮焊接固定。安全网应与骨架牢固连接，网孔不应大于10mm×10mm，安全网高度宜高于桥面2m	
※6	附属设施	全封闭吊篮必须设置排水系统。平台底板铺设时应设置横坡，并在最低处设置集水槽、泄水孔。泄水孔应用安全网封闭。桥下不允许排水时，应在集水槽底部安装排水管，将水抽至桥面排出	
7	材料	底部封闭平台底板宜选用厚度不低于3mm的花纹钢板、或经防滑处理的普通钢板或其他等效结构的材料；底部支撑宜选用型钢；钢材力学性能不应低于Q235B，且应符合现行《碳素结构钢》（GB/T 700）等有关规定	
		安全网应选用双层钢丝网，钢丝直径不宜小于1mm，力学性能不应低于Q235	
※8	安装	全封闭吊篮各构件之间可视需要采用焊接、螺栓等方式进行连接固定，应保证设计的结构强度	
※9	外观	组装后的全封闭吊篮各施工作业面四周及底部均应封闭，不得留有大于10mm×10mm的空隙	
		仅一侧使用全封闭吊篮时，应在另一侧挂篮增加配重	
		篮内无杂物，泄水孔或排水管畅通	
10	工序特殊要求		

意见及签名	项目部施工员		验收（检查）结论
	项目部安全负责人		
	项目部负责人		
	安全监理工程师		
	建设单位安全管理人员		

限高架安全验收（检查）表

表 A-22

验收□　　※检查□　　　　　　　　　　　　　　　　　　　　　编号：

项目名称		合同段	
监管部门		建设单位	
施工单位		监理单位	
工程部位		验收（检查）时间	

序号	项目	验收（检查）内容	验收（检查）结果
1	结构组成	限高架分为警示限高架和防撞限高架两类	
		主要由横杆、立柱、基础、标志等组成	
2	结构要求	现浇支架跨线施工时，沿车行方向应先设置警示限高架，再设置防撞限高架。限高架横杆下缘高度应与防物体打击防护棚下缘高度一致，可根据需要设计为高度可调节的结构。限高架不得影响消防和卫生急救等应急通行需要。警示限高架与现浇支架的距离应满足本指南表 5-2	
3	横杆	警示限高架横杆应使用悬挂的水平横杆等对车辆不造成损坏的柔性结构。防撞限高架横杆应采用具有足够强度的硬杆型防撞门架	
※4	标志	限高标志应放置在驾驶人员和行人最容易看到，并能准确判读的醒目位置，可直接安装在限高架横杆正中央或前进方向的右侧	
5	材料	横杆、立柱宜采用型钢、钢桁架等结构，力学性能不应低于 Q235B 或选用其他力学性能不低于 Q235B 的等效材料	
		基础宜采用强度不低于 C25 的钢筋混凝土结构	
※6	安装	各构件之间可采用焊接、栓接等方式连接固定；立柱宜采用焊接或栓接方式将底座与基础垫块预埋件连接固定，形成整体承重体系。连接固定方式应符合相关规范的规定	
※7	外观	各构件安装后不得有歪斜、扭曲、变形、破损及其他缺陷	
		基础底部应坚实平整，排水通畅	
		限高架应设置黄黑相间的立面标记，立面标记宜采用反光膜。安全警示色、防锈漆层应均匀、牢固，不得有明显的堆漆、漏漆等缺陷	
		限高架下缘距路面的高度应不小于限高标志的限高数值	
8	工序特殊要求		

意见及签名	项目部施工员		验收（检查）结论	
	项目部安全负责人			
	项目部负责人			
	安全监理工程师			
	建设单位安全管理人员			

注：应拍照留存现场布设情况。

防护盖板安全验收（检查）表

表 A-23

验收□　　※检查□　　　　　　　　　　　　　　　　　　　　　　编号：

项目名称			合同段	
监管部门			建设单位	
施工单位			监理单位	
工程部位			验收（检查）时间	

序号	项目	验收（检查）内容	验收（检查）结果
1	设计资料	结构及固定方式有设计或试验，项目部技术负责人有审核签认	
2	结构组成	主要由底板组成	
3	结构尺寸	防护盖板直径应不小于桩径加 200mm	
4	材料	宜选用钢筋网片、钢板、木板等材料，采用钢筋网片时，网格间距不应大于 150mm，钢筋直径不宜小于 16mm	
※5	安装	防护盖板四周应与护圈固定，防止移位	
※6	外观	防护盖板上严禁站人或堆放物料	
7	工序特殊要求		

意见及签名	项目部施工员		验收（检查）结论
	项目部安全负责人		
	项目部负责人		
	安全监理工程师		
	建设单位安全管理人员		

母索系统安全验收（检查）表

表 A-24

验收□　　※检查□　　　　　　　　　　　　　　　　　　　　　　　　编号：

项目名称			合同段	
监管部门			建设单位	
施工单位			监理单位	
工程部位			验收（检查）时间	

序号	项目	验收（检查）内容	验收（检查）结果
1	设计资料	结构、基础及固定方式有设计、验算，项目部技术负责人有审核签认	
2	结构组成	母索系统应采用厂家定型产品，并应符合现行《坠落防护水平生命线装置》（GB 38454）等有关规定	
		母索系统导轨宜使用钢丝绳	
		母索系统挂点连接件应使用安全警示色	
※3	安装	母索系统应按照产品说明书进行安装，宜固定在预埋件上	
※4	外观	钢丝绳的磨损、断丝不得超标	
		安全警示色、防锈漆应涂层均匀、牢固，不得有明显的堆漆、漏漆等缺陷	
		钢丝绳绳夹在受载1、2次后应做检查，并视情况进一步拧紧	
5	工序特殊要求		

意见及签名	项目部施工员		验收（检查）结论
	项目部安全负责人		
	项目部负责人		
	安全监理工程师		
	建设单位安全管理人员		

附录 A 安全防护设施验收（检查）表

猫道防滑底板安全验收（检查）表

表 A-25

验收□　　※检查□　　　　　　　　　　　　　　　　　　　　　　　　编号：

项目名称		合同段	
监管部门		建设单位	
施工单位		监理单位	
工程部位		验收（检查）时间	

序号	项目	验收（检查）内容	验收（检查）结果
1	设计资料	结构及固定方式有设计、验算，项目部技术负责人有审核签认	
2	结构组成	主要由钢丝网和防滑条组成	
3	钢丝网	宜由阻风面积小的两层大、小方格钢丝网组成，其宽度宜为 3～4m	
		第一层宜为粗面网，第二层宜为细面网	
4	防滑条	宜每隔 500mm 设置 1 根	
5	材料	钢丝网力学性能不应低于 Q235，且应符合现行《安全网》（GB 5725）等有关规定	
		防滑条宜采用方木	
※6	安装	安装时应配置风速仪并进行风速监测，大雨、大雪、大雾和六级及以上大风等恶劣天气不得进行猫道防滑底板的安装施工	
		应将猫道防滑底板的木条与猫道横梁、承重索绑扎牢固，不得出现松动或脱落	
※7	外观	猫道底部用防滑底板全封闭，防滑底板与侧网之间不得留有可能坠人坠物的空隙	
		钢丝网防锈防腐涂装涂层应均匀、牢固，无明显的堆漆、漏漆等缺陷	
		应标明允许负载值的限载牌并限定允许作业人数，不得超重；设备、材料在底板上应对称均匀放置，严禁超荷载或偏压堆放物料	
8	工序特殊要求		

意见及签名	项目部施工员		验收（检查）结论
	项目部安全负责人		
	项目部负责人		
	安全监理工程师		
	建设单位安全管理人员		

扶手索式防护栏杆安全验收（检查）表

表 A-26

验收□　　※检查□　　　　　　　　　　　　　　　　　　　　　　　　　　　　　　编号：

项目名称		合同段	
监管部门		建设单位	
施工单位		监理单位	
工程部位		验收（检查）时间	

序号	项目	验收（检查）内容	验收（检查）结果
1	设计资料	结构及固定方式有设计、验算，项目部技术负责人有审核签认	
2	结构组成	主要由立柱、扶手索和侧网等组成	
3	立柱	立柱间距不应大于 2.0m	
4	扶手索	宜为上、中、下三道，上扶手索宜高 1.5m，上、中、下扶手索间距为 500mm	
5	附属设施	防护栏杆上宜每间隔 50m 设置安全警示标识	
6	材料	立柱宜采用型钢	
		扶手索宜采用钢丝绳	
		侧网宜采用钢丝密目网，力学性能不应低于 Q235，且应符合现行《安全网》（GB 5725）等有关规定	
※7	安装	安装时应配置风速仪并进行风速监测，大雨、大雪、大雾和六级及以上大风等恶劣天气不得进行扶手索式防护栏杆的安装施工	
		扶手索架设前应通过预张拉消除钢丝绳非弹性变形，预张拉荷载不得小于其破断拉力的 0.5 倍	
		扶手索钢丝绳投入使用前应严格验收，严禁使用断丝、变形、锈蚀等超出相应规定的钢丝绳	
※8	外观	钢丝绳的磨损、断丝不得超标	
		立柱及连接件不得有裂纹、开焊、螺栓松动、局部变形	
		侧向无防护的最大空隙不得超过 150mm	
		侧网表面应光滑，无尖刺等可能对使用者造成伤害的外部缺陷	
		防锈防腐涂装涂层均匀、牢固，无明显的堆漆、漏漆等缺陷	
9	工序特殊要求		

意见及签名	项目部施工员		验收（检查）结论	
	项目部安全负责人			
	项目部负责人			
	安全监理工程师			
	建设单位安全管理人员			

横向通道安全验收（检查）表

表 A-27

验收□　　※检查□　　　　　　　　　　　　　　　　　　　编号：

项目名称		合同段	
监管部门		建设单位	
施工单位		监理单位	
工程部位		验收（检查）时间	

序号	项目	验收（检查）内容	验收（检查）结果
1	设计资料	结构及固定方式有设计、验算，项目部技术负责人有审核签认	
2	结构组成	主要由支撑系统、钢丝网和防护栏杆等组成	
3	结构尺寸	横向通道的数量、位置应根据上下游猫道间人员通行及猫道抗风稳定性的需要设置，宽度不应小于 750mm。通道与水平面的坡度不应大于 1:3	
4	支撑系统	宜采用钢桁架	
5	钢丝网	钢丝网宜由阻风面积小的两层大、小方格钢丝网组成	
		第一层宜为粗面网，第二层宜为细面网	
		底网宜采用猫道防滑底板，应按表 A-25 验收	
6	防护栏杆	上横杆高宜为 1.5m，应按表 A-1 或表 A-26 验收	
7	材料	钢桁架的构件宜采用钢管或型钢，钢材力学性能不应低于 Q235B，且应符合现行《碳素结构钢》（GB/T 700）等有关规定	
※8	安装	安装时应配置风速仪并进行风速监测，大雨、大雪、大雾和六级及以上大风等恶劣天气不得进行横向通道的安装施工	
		横向通道的支撑系统宜采用销接或螺栓连接固定在猫道横梁上，螺栓应采取防退扣措施。各构件之间的连接应可靠，安装需满足现行《钢结构设计标准》（GB 50017）、《钢结构焊接规范》（GB 50661）、《钢结构高强度螺栓连接技术规程》（JGJ 82）等的规定	
※9	外观	支撑系统各构件不得有歪斜、扭曲、变形、破损及其他缺陷	
		侧向无防护的最大空隙不得超过 150mm	
		防锈防腐涂装涂层均匀、牢固，无明显的堆漆、漏漆等缺陷	
		应在明显位置标明允许负载值的限载牌及限定允许的作业人数，不得超重	
		钢桁架和连接螺栓应无裂纹、开焊、螺栓松动、局部变形、明显腐蚀	
10	工序特殊要求		

意见及签名	项目部施工员		验收（检查）结论
	项目部安全负责人		
	项目部负责人		
	安全监理工程师		
	建设单位安全管理人员		

逃生通道安全验收（检查）表

表 A-28

验收□　　※检查□　　　　　　　　　　　　　　　　　　　　　　　　　　　　　编号：

项目名称		合同段	
监管部门		建设单位	
施工单位		监理单位	
工程部位		验收（检查）时间	

序号	项目	验收（检查）内容	验收（检查）结果
1	结构组成	由整节管道、短节管道、转接接头（135°）、支架、连接件等组成	
2	整节管道	逃生通道每节长度不宜大于5m，内径不宜小于800mm	
3	短节管道	可分为1m、2m、3m的节段	
4	转接接头	逃生通道在经过掘进台阶时，管节之间宜安装135°转接接头顺延	
5	支架	逃生通道通过仰拱施工处时，宜使用栈桥敷设支撑固定逃生通道	
6	连接件	逃生通道管节之间可采用直径大于逃生通道外径100mm的套管、螺栓、链条或环形抱箍等方式连接	
7	材料	可采用螺旋钢焊管或硬质高密度聚氯乙烯管（HDPE，PE100）、超高强度超高分子复合材料管、CFRPC（碳纤维增强高聚物复合材料）碳素复合管，其刚度、强度及抗冲击能力应满足安全要求	
※8	安装	逃生管道基础的底部应平整，安装到位后应对逃生管道进行支垫或进行半填埋加固	
		逃生通道的安装应便于拆卸，避免两节脱节	
※9	外观	表面宜为红色、橙色、黄色等颜色	
		逃生管道应平整、干燥、顺畅	
		隧道开挖掌子面至二次衬砌之间应设置逃生通道，逃生通道距离开挖掌子面不得大于20m，搭接二次衬砌长度不得小于2m	
		逃生通道内不得放置任何物品。逃生通道洞口两侧应设置救生箱，宜配备10人3天所需的应急物资	
10	工序特殊要求		

意见及签名	项目部施工员		验收（检查）结论	
	项目部安全负责人			
	项目部负责人			
	安全监理工程师			
	建设单位安全管理人员			

仰拱栈桥安全验收（检查）表

表 A-29

验收□　　※检查□　　　　　　　　　　　　　　　　　　　　编号：

项目名称		合同段	
监管部门		建设单位	
施工单位		监理单位	
工程部位		验收（检查）时间	

序号	项目	验收（检查）内容	验收（检查）结果
1	设计资料	结构及固定方式有设计、验算，项目部技术负责人有审核签认	
2	结构组成	主要由桁架、液压系统、行走系统、引桥桥面、主桥桥面、防撞护栏、标志等组成	
3	结构形式	宜采用自行式整体栈桥	
4	液压系统	液压千斤顶宜设有自锁定装置	
5	行走系统	宜采用履带式行走系统	
6	引桥桥面、主桥桥面	引桥的最大纵向坡度不宜大于25%。栈桥桥面应做防侧滑处理	
※7	防撞护栏	两侧宜采用防撞护栏，应水平设置挡脚板并挂密目式阻燃安全网封闭	
※8	标志	应设限速、限重警示标志、反光标志	
※9	安装	仰拱栈桥基础应稳固	
		栈桥就位后应检查基础的稳定情况和千斤顶是否锁定	
※10	外观	仰拱栈桥上部的泥水及残余混凝土应及时清除	
11	工序特殊要求		

意见及签名	项目部施工员		验收（检查）结论	
	物资机械部门负责人			
	项目部安全负责人			
	项目部负责人			
	安全监理工程师			
	建设单位安全管理人员			

盾构箱涵拼装两侧移动护栏安全验收（检查）表

表 A-30

验收□　　※检查□　　　　　　　　　　　　　　　　　　　　　编号：

项目名称		合同段	
监管部门		建设单位	
施工单位		监理单位	
工程部位		验收（检查）时间	

序号	项目	验收（检查）内容	验收（检查）结果
1	设计资料	结构及固定方式有设计、验算，项目部技术负责人有审核签认	
2	结构组成	主要由横杆、竖杆、支撑体系等组成	
3	结构尺寸	盾构箱涵拼装两侧移动护栏的横杆及竖杆应组成牢固的立面框架，其水平投影必须落在箱涵表面	
4	横杆	横杆分为上、下两道横杆，上横杆距箱涵表面高度应不低于1.2m，下横杆距箱涵表面高度应不大于300mm	
5	竖杆	竖杆间隙应大于30mm且不应大于110mm	
6	支撑体系	宜采用钢桁架	
7	材料	横杆、竖杆、钢桁架杆件宜采用型钢，钢材力学性能不宜低于Q235B，或选用其他力学性能不低于Q235B的等效材料，且应符合现行《碳素结构钢》（GB/T 700）等有关规定	
※8	安装	盾构箱涵拼装两侧移动护栏的支撑体系应焊接在盾构机结构上	
		盾构箱涵拼装两侧移动护栏各构件之间宜采用焊接连接，焊接要求应符合《钢结构工程施工质量验收标准》（GB 50205）的有关规定	
※9	外观	线形应协调，各构件不得歪斜、扭曲、变形	
		切割部位应锉平磨光，边角整齐	
		安全警示色、防锈漆应涂层均匀、牢固，无明显的堆漆、漏漆等缺陷	
		应避免在盾构箱涵拼装两侧移动护栏构件上额外施加长期的外力作用及施加振动荷载，不得随意悬挂重物	
		无焊缝开裂、严重锈蚀、松动或损坏	
10	工序特殊要求		

意见及签名	项目部施工员		验收（检查）结论	
	项目部安全负责人			
	项目部负责人			
	安全监理工程师			
	建设单位安全管理人员			

附录 A　安全防护设施验收（检查）表

人行斜道安全验收（检查）表

表 A-31

验收 □　　※检查 □　　　　　　　　　　　　　　　　　　　　　　　　编号：

项目名称		合同段	
监管部门		建设单位	
施工单位		监理单位	
工程部位		验收（检查）时间	

序号	项目	验收（检查）内容	验收（检查）结果
1	设计资料	结构及固定方式有设计、验算，项目部技术负责人有审核签认	
2	结构组成	主要由扶手、横杆、立柱、梯道等组成	
3	扶手	人行斜道两侧应设置扶手	
		扶手中心线应与坡面线平行，扶手高度宜为 900mm	
		支撑扶手的立柱应从第一级梯道开始设置，间距不宜大于 1m	
		应在扶手与梯道中间设置一道横杆，横杆与扶手、横杆与梯道间距不应大于 600mm	
4	梯道	梯道宽度宜为 800mm	
		梯道宜使用素混凝土硬化，并至少有不小于 25mm 宽的防滑突缘	
		常用的梯道倾角与对应的踏步高 r、踏步宽 g 组合应符合本指南表 4-2 及表 4-3 的规定	
5	材料	扶手、横杆宜为外径 30~50mm，壁厚不小于 2.5mm 的圆形管材。支撑扶手的立柱宜采用截面不小于 40mm×40mm×4mm 的角钢或外径为 30~50mm 的管材；各构件选用的钢材力学性能不宜低于 Q235B，且应符合现行《碳素结构钢》（GB/T 700）等有关规定	
		梯道所用混凝土强度应不小于 C20	
※6	安装	扶手和立柱之间可采用扣件连接、焊接、套接、螺栓连接、销轴连接等方式连接固定	
		立柱底端应固定牢靠，可与预埋件焊接。扶手安装后，横杆、立柱应能承受任何方向施加 1kN 的集中荷载	
		各构件之间连接、立柱固定等应符合相关规范的规定	

续表 A-31

序号	项目	验收（检查）内容	验收（检查）结果
※7	外观	不应有歪斜、扭曲、变形及其他缺陷	
		表面应光滑，无锐边、尖角、毛刺、裂纹、焊渣或明显锤痕等可能对使用者造成伤害或妨碍其通过的外部缺陷	
		梯道宽度、高度均匀，防滑凸缘完整	
		安全警示色、防锈漆应涂层均匀、牢固，无明显的堆漆、漏漆等缺陷	
		应避免在扶手上额外施加长期的外力作用及施加振动荷载，不得随意悬挂重物	
		无锈蚀、腐蚀、松动或损坏	
8	工序特殊要求		
意见及签名	项目部施工员		验收（检查）结论
	项目部安全负责人		
	项目部负责人		
	安全监理工程师		
	建设单位安全管理人员		

附录 B 安全防护设施与工序对照表

表 B 安全防护设施与工序对照表

序号	防护设施	施工工序	主要条文
1	防护栏杆	盾构隧道施工、盖梁施工、钢栈桥、高边坡工程施工、挂篮施工、架桥机施工、桥面系施工、隧道开挖施工、围堰施工、支架施工、基坑施工、钻（挖）孔灌注桩施工	4.1
2	防物体打击类防护棚	跨线施工	4.2.1
3	防晒防雨类防护棚	两区三厂	4.2.2
4	钢斜梯	挂篮施工、隧道开挖施工、围堰施工、支架施工、基坑施工	4.3.1
5	移动式钢斜梯	两区三厂、围堰施工	4.3.2
6	钢直梯	两区三厂、基坑施工、支架施工、挂篮施工	4.3.3
7	人行塔梯	基坑施工、墩柱施工、盖梁施工、挂篮施工、架桥机施工、桥面系施工、支架施工	4.3.4
8	高处作业水平通道	墩柱施工、盖梁施工、挂篮施工、架桥机施工、桥面系施工、支架施工	4.3.5
9	悬挑式作业平台	围堰施工、墩柱施工、盖梁施工、挂篮施工	4.4.1
10	落地式作业平台	围堰施工、墩柱施工、高边坡工程施工	4.4.2
11	移动式作业平台	盾构隧道施工	4.4.3
12	护轮坎	钢栈桥	5.1.2
13	防船撞设施	钢栈桥、围堰施工	5.1.3、6.3.7
14	缆风绳	两区三厂、墩柱施工、支架施工	5.2.2
15	门式起重机抗风防滑装置	两区三厂	5.2.3
16	轨道端部止挡	两区三厂、架桥机施工、隧道开挖施工	5.2.4
17	围栏	两区三厂	5.2.5
18	张拉防护挡板	两区三厂	5.2.6
19	防撞桶	跨线施工	5.3.3
20	防撞墩	跨线施工	5.3.4

续表 B

序号	防护设施	施工工序	主要条文
21	全封闭吊篮	跨线施工	5.3.5
22	限高架	跨线施工	5.3.6
23	防护盖板	钻（挖）孔灌注桩施工	6.1.2
24	母索系统	盖梁施工、架桥机施工	6.6.3
25	猫道防滑底板	悬索桥猫道施工	6.9.2
26	扶手索式防护栏杆	悬索桥猫道施工	6.9.3
27	横向通道	悬索桥猫道施工	6.9.4
28	逃生通道	隧道开挖施工	7.1.3
29	仰拱栈桥	仰拱施工	7.2.2
30	盾构箱涵拼装两侧移动护栏	盾构隧道施工	7.3.3
31	人行斜道	高边坡工程施工	8.3

附件

《施工现场安全防护设施标准化指南》

条文说明

1 总则

1.0.1 安全防护设施是在公路工程各项作业环节中实施的，在出现人的不安全行为、物的不安全状态、环境的不安全因素时切断风险向隐患转化、隐患向事故转化的重要措施，可以将危险、有害因素控制在安全范围内，从而保障生命财产安全，对提高公路工程施工本质安全水平有着重要意义。然而，公路工程施工现场往往存在防护设施缺失/破损、安装不到位、防护能力不足、功能不完整等现象。尽管施工企业投入大量安全经费但仍存在这些现象，很大程度是因为国内公路工程建设领域并没有安全防护设施行业标准。本指南的出版，旨在解决这一问题。

1.0.3 本条是公路工程施工现场安全防护设施的相对宏观的用户指导，旨在鼓励施工单位在本指南的基础上以安全可靠、规范便捷、经济适用、技术先进为原则进行安全防护设施微创新。

2 术语

2.0.1 公路工程施工现场安全防护设施的主要目的是预防生产安全事故或降低事故危害，是施工现场临时使用的设施，种类包括设施、设备、器具及其组合；不包括主要承受结构荷载的支架、模板等。

3 基本规定

3.0.1 本条中"相应工程施工方案"指施工组织设计中的施工方案、专项施工方案等。施工现场安全防护设施应与相应工程施工方案同时设计，与相应工程同步施工，以保障安全防护设施与施工方案形式匹配、防护及时。

3.0.2 本条依据《建设工程安全生产管理条例》（国务院令第393号）第二十七条"建设工程施工前，施工单位负责项目管理的技术人员应当对有关安全施工的技术要求向施工作业班组、作业人员作出详细说明，并由双方签字确认"及《公路工程施工安全技术规范》（JTG F90—2015）第3.0.5条"公路工程施工前应逐级进行安全技术交底，主要包括安全的技术要求、风险状况、应急处置措施等内容"。

3.0.3 本条的依据是《建设工程安全生产管理条例》（国务院令第393号）第三十四条："施工单位采购、租赁的安全防护用具、机械设备、施工机具及配件，应当具有生产（制造）许可证、产品合格证，并在进入施工现场前进行查验。"

3.0.4 为保障安全防护设施正常使用，要求对安全防护设施进行检查验收，经验收合格方能投入使用。

3.0.5 安全防护设施本身安全与否，对施工安全关系重大，故规定在使用期间应加强检查和维修保养工作，发现安全隐患及时采取措施进行整改，确保防护设施完好并能正常使用。

3.0.6 本条参考《建筑施工高处作业安全技术规范》（JGJ 80—2016）第3.0.9条"对需临时拆除或变动的安全防护设施，应采取可靠措施，作业后应立即恢复"。

3.0.7 根据近10年公路工程施工安全事故统计及大量公路工程项目安全防护设施标准化的需求调研，确定了上述使用安全防护设施的典型施工工序，并根据其典型事故的发生机理，规划了关键防护设施，见各节一般规定。其他工序可参照使用。

3.0.8 本条将本指南中涉及的安全防护设施按所防治施工安全事故的种类进行分类。

3.0.9 固定式指该防护设施需要与其他设施或地面固定连接以实现防护功能。移动式指该安全防护设施可根据需要在地面或其他设施上进行移动。

4 通用设施

4.1 防护栏杆

4.1.1 本条第1款对防护栏杆结构组成予以明确。

本条第2款依据《公路工程施工安全技术规范》（JTG F90—2015）第5.7.5条第3款"防护栏杆应由上、下两道横杆组成，上杆离地高度应为1.2m，下杆离地高度应为0.6m"，同时参考《建筑施工高处作业安全技术规范》（JGJ 80—2016）第4.3.1条第2款"当防护栏杆高度大于1.2m时，应增设横杆，横杆间距不应大于600mm"。

本条第3款参考《建筑施工高处作业安全技术规范》（JGJ 80—2016）第4.3.1条第3款"防护栏杆立杆间距不应大于2m"和《公路工程施工安全技术规范》（JTG F90—2015）第5.7.5第4款"横杆长度大于2m时，应加设栏杆柱"。

本条第4款依据《公路工程施工安全技术规范》（JTG F90—2015）第5.7.5条第2款"防护栏杆下方有人员及车辆通行或作业的，应挂密目式阻燃安全网封闭，防护栏杆下部应设置高度不小于0.18m的挡脚板"和《固定式钢梯及平台安全要求 第3部分：工业防护栏杆及钢平台》（GB 4053.3—2009）第4.1.4条"当平台设有满足踢脚板功能及强度要求的其他结构边沿时，防护栏杆可不设踢脚板"，及第5.6.1条"踢脚板宜采用不小于100mm×2mm的钢板制造"，结合工地应用实际和厂家的定型产品调研，规定挡脚板厚度不宜小于1mm。

本条第5款依据《公路工程施工安全技术规范》（JTG F90—2015）第5.7.5条第2款"防护栏杆下方有人员及车辆通行或作业的，应挂密目式安全网封闭……"并可在图4-1所示的标准化防护栏杆上加挂密目网。

本条第6款参考《公路工程施工安全技术规范》（JTG F90—2015）第3.0.14条"施工现场出入口、沿线各交叉口、施工起重机械、临时用电设施以及脚手架等临时设施、民爆物品和易燃易爆危险品库房、孔洞口、基坑边沿、桥梁边沿、码头边沿、隧道洞口和洞内等危险部位应设置明显的安全警示标志和必要的安全防护设施"。

本条第8款参考《建筑防护栏杆技术标准》（JGJ/T 470—2019）第3章，建筑防护栏杆所用材料有玻璃、碳素钢、低合金结构钢、木质、铝合金、纤维增强复合材料、橡胶等；参考相关规范，并结合工地应用实际和厂家的定型产品调研，规定防护栏杆主要构件的材料力学性能不宜低于Q235B。依据《公路工程施工安全技术规范》（JTG F90—2015）第5.7.7条有关规定，并结合工地应用实际和厂家的定型产品调研，规定选用钢丝网、钢板网，主要考虑安全网的结构性能良好、稳定、表面防腐、抗老化能力强，结合工地应用实际和厂家的定型产品调研，规定钢丝直径。

4.1.2 本条第 2 款依据《公路工程施工安全技术规范》（JTG F90—2015）第 5.7.5 条第 1 款"……防护栏杆应能承受 1 000N 可变荷载"，同时参考《建筑施工高处作业安全技术规范》（JGJ 80—2016）4.3.4 条"栏杆立杆和横杆的设置、固定及连接，应确保防护栏杆在上下横杆和立杆任何处，均能承受任何方向的最小 1kN 外力作用……"。1kN 为荷载标准值，应依据防护目的选择合适的动力系数。

本条第 3 款参考《建筑防护栏杆技术标准》（JGJ/T 470—2019）第 4.3.6 条"连接件与主体的锚固承载力设计值应大于连接件本身的承载力设计值"。

本条第 4 款参考《建筑防护栏杆技术标准》（JGJ/T 470—2019）第 4.4.3 条"建筑防护栏杆抗软重物撞击性能检测时，撞击能量 E 应为 300N·m"。

4.1.3 本条第 1 款参考《建筑施工高处作业安全技术规范》（JGJ 80—2016）第 4.3.3 条："1 当采用钢管作为防护栏杆杆件时，横杆及栏杆立杆应采用脚手钢管，并应采用扣件、焊接、定型套管等方式进行连接固定；2 当采用其他型材作防护栏杆杆件时，应选用与脚手钢管材质强度相当规格的材料，并应采用螺栓、销轴或焊接等方式进行连接固定。"

本条第 2 款参考《水利水电工程施工安全防护设施技术规范》（SL 714—2015）第 3.2.2 条第 5 款。

"5 栏杆立柱的固定应符合下列要求：

1）在泥石地面固定时，宜打入地面 0.50m～0.70m，离坡坎边口的距离应不小于 0.50m。

2）在坚固的混凝土地面等固定时，可用预埋件与钢管或钢筋栏杆柱焊接；采用竹、木栏杆固定时，应在预埋件上焊接 0.30m 长∠50×50 角钢或直径不小于 20mm 的钢筋，用螺栓连接或用不小于 12 号的镀锌铁丝绑扎两道以上固定。

3）在操作平台、通道、栈桥等处固定时，应与平台、通道杆件焊接或绑扎牢固。"

同时依据《公路工程施工安全技术规范》（JTG F90—2015）第 5.7.5 条第 1 款"防护栏杆应能承受 1 000N 的可变荷载"。

本条第 3 款中安装方式可参考现行《混凝土结构设计规范》（GB 50010）、《混凝土结构工程施工质量验收规范》（GB 50204）、《钢结构设计标准》（GB 50017）、《钢结构工程施工质量验收标准》（GB 50205）、《钢结构焊接规范》（GB 50661）、《紧固件机械性能 螺栓、螺钉和螺柱》（GB/T 3098.1）等有关规定。

4.1.4 本条第 1 款参考《建筑防护栏杆技术标准》（JGJ/T 470—2019）第 8.0.2 条"建筑防护栏杆的日常使用与保养、维护应符合下列规定：……3 应避免在防护栏杆构件上额外施加长期的外力作用及施加振动荷载，不得随意悬挂重物"。

本条第2款参考《建筑防护栏杆技术标准》(JGJ/T 470—2019)第8.0.2条"建筑防护栏杆的日常使用与保养、维护应符合下列规定：……7 发现防护栏杆及部件锈蚀、腐蚀、松动或损坏的，应及时进行检查、维修"。

4.2 防护棚

4.2.1 防物体打击类防护棚

4.2.1.1 本条第1款对防物体打击类防护棚结构组成予以明确。

本条第2款1) 参考《建筑施工高处作业安全技术规范》(JGJ 80—2016)第7.2.1条。

"7.2.1 安全防护棚搭设应符合下列规定：

1 当安全防护棚为非机动车辆通行时，棚底至地面高度不应小于3m；当安全防护棚为机动车辆通行时，棚底至地面高度不应小于4m。

2 当建筑物高度大于24m并采用木质板搭设时，应搭设双层安全防护棚。两层防护的间距不应小于700mm，安全防护棚的高度不应小于4m。

3 当安全防护棚的顶棚采用竹笆或木质板搭设时，应采用双层搭设，间距不应小于700mm；当采用木质板或与其等强度的其他材料搭设时，可采用单层搭设，木板厚度不应小于50mm。防护棚的长度应根据建筑物高度与可能坠落半径确定。"

本条第2款2) 车道高度参考《公路工程技术标准》(JTG B01—2014)第3.6.1条"……3 高速公路、一级公路、二级公路的净高应为5.00m；三级公路、四级公路的净高应为4.50m。4 人行道、自行车道、检修道与行车道分开设置时，其净高应为2.50m"和《液压滑动模板施工安全技术规程》(JGJ 65—2013)第4.0.5条"警戒区内的建筑物出入口、地面通道及机械操作场所，应搭设高度不低于2.5m的安全防护棚；……"。另参考《建设施工安全作业安全技术规范》(JGJ 80—2016)第7.2.1条第1款"当安全防护棚为非机动车辆通行时，棚底至地面高度不应小于3m"。综合考虑取3m。车道宽度参考《公路工程技术标准》(JTG B01—2014)第4.0.2条根据限速要求设置。"4.0.2 车道宽度应符合表4.0.2的规定，并应符合下列规定：

车 道 宽 度　　　　　　　表4.0.2

设计速度（km/h）	120	100	80	60	40	30	20
车道宽度（m）	3.75	3.75	3.75	3.5	3.5	3.25	3.00

"

表4-1"可能坠落半径"参考《建筑施工高处作业安全技术规范》(JGJ 80—2016)表7.1.1。

本条第2款3) 设置防护挑檐的目的是防止施工材料等物的坠落并滚下伤人。

本条第4款参考《公路交通安全设施设计规范》(JTG D81—2017)第6.5.1条，

并结合工地应用实际，明确防撞墙基础高度，以及基础上游端头位置与最近的防护棚立柱之间的距离，防止车辆伤害直接撞击防护棚立柱。

本条第5款参考《公路工程施工安全技术规范》（JTG F90—2015）第12.4.2条"夜间施工时，作业现场的预留孔洞、上下道口及沟槽等危险部位应设置夜间警示标志和警示灯"和《城市桥梁设计规范》（CJJ 11—2011）（2019年版）第9.6.1条"桥上照明及地下通道照明不应低于两端道路的照明标准"。

本条第6款1）参考《建筑施工脚手架安全技术统一标准》（GB 51210—2016）第4.0.2条"脚手架所使用的型钢、钢板、圆钢应符合国家现行相关标准的规定，其材质应符合现行国家标准《碳素结构钢》（GB/T 700）中Q235级钢或《低合金高强度结构钢》（GB/T 1591）中Q345级钢的规定"及其条文说明"……一般情况下，只有在结构件受力较复杂或搭设超重脚手架时，钢管才选择Q345级钢，一般脚手架钢管均选择Q235级钢，这是因为脚手架破坏均为稳定破坏，选择Q235级钢较为适宜，如选择Q345级钢，其钢材的潜力不能充分发挥利用"。

本条第6款2）参考《建筑施工高处作业安全技术规范》（JGJ 80—2016）第7.2.1条，同时结合工地应用实际，建议下层棚板宜采用厚度不小于3mm的钢板。

4.2.1.2 本条第1款参考《液压滑动模板施工安全技术规程》（JGJ 65—2013）第4.0.6"防护棚的构造应符合下列规定：1 防护棚结构应通过设计计算确定；……"。

4.2.1.3 本条第2款中安装方式可参考现行《混凝土结构设计规范》（GB 50010）、《混凝土结构工程施工质量验收规范》（GB 50204）、《钢结构设计标准》（GB 50017）、《钢结构工程施工质量验收标准》（GB 50205）、《钢结构焊接规范》（GB 50661）、《紧固件机械性能 螺栓、螺钉和螺柱》（GB/T 3098.1）等有关规定。

4.2.1.4 本条第1款3）参考《建筑施工高处作业安全技术规范》（JGJ 80—2016）第7.1.5条"不得在安全防护棚棚顶堆放物料"。

本条第2款参考《建筑施工脚手架安全技术统一标准》（GB 51210—2016）"在搭设和拆除脚手架作业时，应设置安全警戒线、警戒标志，并应派专人监护，严禁非作业人员入内"和《建筑施工脚手架安全技术统一标准》（GB 51210—2016）第9.0.8条"脚手架的拆除作业必须符合下列规定：1 架体的拆除应从上而下逐层进行，严禁上下同时作业；……"。

4.2.2 防晒防雨类防护棚

4.2.2.1 本条第1款对防晒防雨类防护棚结构组成予以明确。

本条第2款1）结合工地应用实际，明确棚顶超出被遮盖物外沿尺寸，以满足防雨、防晒等要求。

本条第2款2）参考《民用建筑设计统一标准》（GB 50352—2019）表6.14.2，采用压型金属板、金属夹芯板的金属屋面排水坡度应≥5%。

4.2.2.2 本条第2款中安装方式可参考现行《混凝土结构设计规范》（GB 50010）、《混凝土结构工程施工质量验收规范》（GB 50204）、《钢结构设计标准》（GB 50017）、《钢结构工程施工质量验收标准》（GB 50205）、《钢筋机械连接技术规程》（JGJ 107）、《紧固件机械性能 螺栓、螺钉和螺柱》（GB/T 3098.1）等有关规定。

4.2.2.3 本条第1款2）参考《建筑施工高处作业安全技术规范》（JGJ 80—2016）第7.1.5条"不得在安全防护棚棚顶堆放物料"。

4.3 安全通道

4.3.1 钢斜梯

4.3.1.1 本条第1款对钢斜梯结构组成予以明确。

本条第2款依据《公路工程施工安全技术规范》（JTG F90—2015）第5.7.11条："钢斜梯使用应符合下列规定：1 ……踏步高度不宜大于0.2m……。"根据本指南表4-2，踏步高度为0.2m时对应的倾角为45°。同时参考《固定式钢梯及平台安全要求 第2部分：钢斜梯》（GB 4053.2—2009）第4.2.1条："固定式钢斜梯与水平面的倾角应在30°～75°范围内，优选倾角为30°～35°。偶尔性进入的最大倾角宜为42°。经常性双向通行的最大倾角宜为38°。"

本条第3款依据《公路工程施工安全技术规范》（JTG F90—2015）第5.7.11条第1款："钢斜梯使用应符合下列规定：1 长度不宜大于5m，扶手高度宜为0.9m，踏步高度不宜大于0.2m，梯宽宜为0.6～1.1m。"其中梯宽也参考了《固定式钢梯及平台安全要求 第2部分：钢斜梯》（GB 4053.2—2009）第5.2.1条："斜梯内侧净宽度单向通行的净宽度宜为600mm，经常性单向通行及偶尔双向通行净宽度宜为800mm，经常性双向通行净宽度宜为1 000mm。"

本条第4款参考《固定式钢梯及平台安全要求 第2部分：钢斜梯》（GB 4053.2—2009）第5.3.1条、第5.3.3条、第5.3.4条的有关规定。"5.3.1 踏板的前后深度应不小于80mm，相邻两踏板的前后方向重叠应不小于10mm，不大于35mm。5.3.3 顶部踏板的上表面应与平台平面一致，踏板与平台间应无空隙。5.3.4 踏板应采用防滑材料或至少有不小于25mm宽的防滑突缘。"踏步高度依据《公路工程施工安全技术规范》（JTG F90—2015）第5.7.11条"钢斜梯使用应符合下列规定：1 ……踏步高度不宜大于0.2m……"。

本条第4款的表4-2参考《固定式钢梯及平台安全要求 第2部分：钢斜梯》（GB

4053.2—2009）第4.2.3条。"4.2.3　常用的钢斜梯倾角与对应的踏步高 r、踏步宽 g 组合（$g+2r=600$）示例见表1，其他倾角可按线性插值法确定。

踏步高 r、踏步宽 g 尺寸常用组合（$g+2r=600$）　　表1

倾角 α/（°）	30	35	40	45	50	55	60	65	70	75
r/mm	160	175	185	200	210	225	235	245	255	265
g/mm	280	250	230	200	180	150	130	110	90	70

"

本条第5款参考《固定式钢梯及平台安全要求　第2部分：钢斜梯》（GB 4053.2—2009）第5.4条"梯梁应有足够的刚度以使结构横向挠曲变形最小，并由底部踏板的突缘向前突出不小于50mm"。

本条第6款依据《公路工程施工安全技术规范》（JTG F90—2015）第5.7.11条第1款"钢斜梯使用应符合下列规定：1　长度不宜大于5m，扶手高度宜为0.9m……"。同时参考《固定式钢梯及平台安全要求　第2部分：钢斜梯》（GB 4053.2—2009）第5.6.1条"……梯宽不大于1 100mm两边敞开的斜梯，应在两侧均安装梯子扶手"及第5.5.1条"防护栏杆端部应设置立柱或确保与建筑物或其他固定结构牢固连接，立柱间距应不大于1 000mm"。

本条第7款参考《固定式钢梯及平台安全要求　第3部分：工业防护栏杆及钢平台》（GB 4053.3—2009）第6.1.3条、第6.2.1条、第6.3条、第6.4.1条的有关规定。"6.1.3　梯间平台（休息平台）的宽度应不小于梯子的宽度，且对直梯应不小于700mm，斜梯应不小于760mm，两者取较大值。梯间平台（休息平台）在行进方向的长度应不小于梯子的宽度，且对直梯应不小于700mm，斜梯应不小于850mm，两者取较大值。6.2.1　平台地面到上方障碍物的垂直距离应不小于2 000mm。6.3　支撑结构平台应安装在牢固可靠的支撑结构上，并与其刚性连接；梯间平台（休息平台）不应悬挂在梯段上。6.4.1　平台地板宜采用不小于4mm厚的花纹钢板或经防滑处理的钢板铺装，相邻钢板不应搭接。相邻钢板上表面的高度差应不大于4mm。"

本条第8款1）参考《固定式钢梯及平台安全要求　第2部分：钢斜梯》（GB 4053.2—2009）第5.3.4条。"……应采用厚度不小于4mm的花纹钢板，或经防滑处理的普通钢板，或采用由25mm×4mm扁钢和小角钢组焊成的格板或其他等效的结构"。本款结合工地应用实际和厂家的定型产品调研，规定踏板宜选用厚度不小于3mm花纹钢板或经防滑处理的普通钢板，或木质板等其他等效结构材料。

本条第8款2）参考《固定式钢梯及平台安全要求　第2部分：钢斜梯》（GB 4053.2—2009）第5.6.9条、第5.6.10条的有关规定。"5.6.9　扶手宜为外径30mm~50mm，壁厚不小于2.5mm的圆形管材。5.6.10　支撑扶手的立柱宜采用截面不小于40mm×40mm×4mm角钢或外径为30mm~50mm的管材。"

本条第8款3）参考《固定式钢梯及平台安全要求　第3部分：工业防护栏杆及钢平台》（GB 4053.3—2009）第6.4.1条"平台地板宜采用不小于4mm厚的花纹钢板或

经防滑处理的钢板铺装，相邻钢板不应搭接。相邻钢板上表面的高度差应不大于4mm"。同时结合工地应用实际和厂家的定型产品调研，规定梯间平台底板宜选用厚度不小于3mm花纹钢板或经防滑处理的普通钢板，或防滑木质板等其他等效结构材料。防滑木质板可用木质板绑扎防滑条的形式。

本条第8款4）参考《固定式钢梯及平台安全要求 第2部分：钢斜梯》（GB 4053.2—2009）第4.1条"钢斜梯采用钢材的力学性能应不低于Q235B，并具有碳含量合格保证"。

4.3.1.2 本条第2款1）~3）参考《固定式钢梯及平台安全要求 第2部分：钢斜梯》（GB 4053.2—2009）第4.3条的有关规定。

"4.3 设计载荷

4.3.1 固定式钢斜梯设计载荷应按实际使用要求确定，但应不小于本部分规定的数值。

4.3.2 固定式钢斜梯应能承受5倍预定活载荷标准值，并不应小于施加在任何点的4.4kN集中载荷。钢斜梯水平投影面上的均布活载荷标准值应不小于3.5kN/m²。

4.3.3 踏板中点集中活载荷应不小于1.5kN，在梯子内侧宽度上均布载荷不小于2.2kN/m。

4.3.4 斜梯扶手应能承受在除了向上的任何方向施加的不小于890N集中载荷，在相邻立柱间的最大挠曲变形应不大于跨度的1/250。中间栏杆应能承受在中点圆周上施加的不小于700N水平集中载荷，最大挠曲变形不大于75mm。端部或末端立柱应能承受在立柱顶部施加的任何方向上890N的集中载荷。以上载荷不进行叠加。"

本条第2款4）参考《建筑施工脚手架安全技术统一标准》（GB 51210—2016）第5.1.5条，非砌筑工程的其他主体结构工程作业脚手架作业层施工荷载标准值取2.0kN/m²。

4.3.1.3 本条第1款参考《固定式钢梯及平台安全要求 第2部分：钢斜梯》（GB 4053.2—2009）第4.4.1条"钢斜梯应采用焊接连接，焊接要求应符合GB 50205的规定。采用其他方式连接时，连接强度应不低于焊接。……"，并依据《公路工程施工安全技术规范》（JTG F90—2015）第5.7.16条"人行塔梯安装应符合下列规定：……2 人行塔梯基础应稳固，四脚应垫平，并应与基础固定"。

本条第2款参考《固定式钢梯及平台安全要求 第2部分：钢斜梯》（GB 4053.2—2009）第4.4.3条"钢斜梯与附在设备上的平台梁相连接时，连接处宜采用开长圆孔的螺栓连接"和《固定式钢梯及平台安全要求 第3部分：工业防护栏杆及钢平台》（GB 4053.3—2009）第6.3条"平台应安装在牢固可靠地支撑结构上，并与其刚性连接；……"及《建筑施工高处作业安全技术规范》（JGJ 80—2016）第6.4.5条"采用悬臂梁式的操作平台，应采用型钢制作悬挑梁或悬挑桁架，不得使用钢管，其节点应采用螺栓或焊接的刚性节点。……"。

本条第 3 款参考《固定式钢梯及平台安全要求 第 2 部分：钢斜梯》（GB 4053.2—2009）第 4.4.1 条"……安装后的梯子不应有歪斜、扭曲、变形及其他缺陷"和第 4.4.2 条"制造安装工艺应确保梯子及其所有构件的表面光滑，无锐边、尖角、毛刺或其他可能对梯子使用者造成伤害或妨碍其通过的外部缺陷"及第 4.5.2 条"根据钢斜梯使用场合及环境条件，应对梯子进行合适的防锈及防腐涂装"。

4.3.1.4 本条第 1 款 1）为防止长时间不用的钢斜梯变形、生锈而影响性能。

本条第 1 款 2）参考《建筑施工高处作业安全技术规范》（JGJ 80—2016）第 5.1.3 条"同一梯子上不得两人同时作业"。

4.3.2 移动式钢斜梯

4.3.2.1 本条第 1 款对移动式钢斜梯结构组成予以明确。

本条第 2 款参考《梯子 第 6 部分：可移动式平台梯》（GB/T 17889.6—2019）第 4.1 条"可移动式平台梯的设计应避免产品意外滑动或使用者滑倒。……金属或塑料材质的踏棍、踏板和平台表面应进行防滑处理，如增加条纹。如通过覆盖物防滑，覆盖物应与踏板或踏棍牢固黏合"。

本条第 3 款参考《梯子 第 6 部分：可移动式平台梯》（GB/T 17889.6—2019）第 4.1 条"……梯子的设计应确保其在使用说明书规定的使用状态下使用时，踏棍/踏板和平台保持水平。"

本条第 4 款依据《公路工程施工安全技术规范》（JTG F90—2015）第 5.7.11 条第 1 款："5.7.11 钢斜梯使用应符合下列规定：1 长度不宜大于 5m，扶手高度宜为 0.9m，踏步高度不宜大于 0.2m，梯宽宜为 0.6～1.1m。"其中梯宽也参考了《固定式钢梯及平台安全要求 第 2 部分：钢斜梯》（GB 4053.2—2009）第 5.2.1 条："5.2.1 斜梯内侧净宽度单向通行的净宽度宜为 600mm，经常性单向通行及偶尔双向通行净宽度宜为 800mm，经常性双向通行净宽度宜为 1 000mm。"水平面的倾角参考《固定式钢梯及平台安全要求 第 2 部分：钢斜梯》（GB 4053.2—2009）第 4.2.1 条"固定式钢斜梯与水平面的倾角应在 30°～75°范围内……"及《梯子 第 6 部分：可移动式平台梯》（GB/T 17889.6—2019）第 5.2.1 条和第 5.2.2 条对平台梯高度、攀爬腿倾角的规定。

本条第 5 款表 4-3 参考《固定式钢梯及平台安全要求 第 2 部分：钢斜梯》（GB 4053.2—2009）第 4.2.3 条"常用的钢斜梯倾角与对应的踏步高 r、踏步宽 g 组合（$g+2r=600$）示例见表 1，其他倾角可按线性插值法确定。

踏步高 r、踏步宽 g 尺寸常用组合（$g+2r=600$）　　　表1

倾角 α/（°）	30	35	40	45	50	55	60	65	70	75
r/mm	160	175	185	200	210	225	235	245	255	265
g/mm	280	250	230	200	180	150	130	110	90	70

"

本条第 6 款参考《梯子 第 6 部分：可移动式平台梯》（GB/T 17889.6—2019）第 5.4 条"平台应牢固固定到梯子上，除了攀爬的一侧，在其他侧面都应安装踢脚板。平台尺寸（见图 4）应在 400mm～1 000mm 之间。踢脚板上沿应至少高出平台 50mm。除非在进入或离开时踢脚板可以拆卸，否则在进入侧不准许安装踢脚板"及第 5.3 条"平台在水平地面上的投影不应超出梯子与地面的接触区域"。

本条第 8 款参考《梯子 第 6 部分：可移动式平台梯》（GB/T 17889.6—2019）第 5.6 条"所有脚轮都应安装制动装置以便在使用时制动。"

本条第 9 款参考《固定式钢梯及平台安全要求 第 2 部分：钢斜梯》（GB 4053.2—2009）第 4.1 条"钢斜梯采用钢材的力学性能应不低于 Q235B，并具有碳含量合格保证"。

4.3.2.2 本条第 2 款 1）～3）参考《固定式钢梯及平台安全要求 第 2 部分：钢斜梯》（GB 4053.2—2009）第 4.3 条的有关规定。

"4.3 设计载荷

4.3.1 固定式钢斜梯设计载荷应按实际使用要求确定，但应不小于本部分规定的数值。

4.3.2 固定式钢斜梯应能承受 5 倍预定活载荷标准值，并不应小于施加在任何点的 4.4kN 集中载荷。钢斜梯水平投影面上的均布活载荷标准值应不小于 3.5kN/m²。

4.3.3 踏板中点集中活载荷应不小于 1.5kN，在梯子内侧宽度上均布载荷不小于 2.2kN/m。

4.3.4 斜梯扶手应能承受在除了向上的任何方向施加的不小于 890N 集中载荷，在相邻立柱间的最大挠曲变形应不大于跨度的 1/250。中间栏杆应能承受在中点圆周上施加的不小于 700N 水平集中载荷，最大挠曲变形不大于 75mm。端部或末端立柱应能承受在立柱顶部施加的任何方向上 890N 的集中载荷。以上载荷不进行叠加。"

本条第 2 款 4）参考《固定式钢梯及平台安全要求 第 3 部分：工业防护栏杆及钢平台》（GB 4053.3—2009）第 4.4.1 条、第 4.4.2 条："4.4.1 钢平台的设计载荷应按实际使用要求确定，并应不小于本部分规定的值。4.4.2 整个平台区域内应能承受不小于 3kN/m² 均匀分布活载荷。"参考《建筑施工脚手架安全技术统一标准》（GB 51210—2016）第 5.1.5 条，非砌筑工程的其他主体结构工程作业脚手架作业层施工荷载标准值取 2.0kN/m²。

4.3.2.3 本条第 1 款参考《固定式钢梯及平台安全要求 第 2 部分：钢斜梯》（GB 4053.2—2009）第 4.4.1 条"钢斜梯应采用焊接连接，焊接要求应符合 GB 50205 的规定。采用其他方式连接时，连接强度应不低于焊接"。

本条第 2 款参考《公路工程施工安全技术规范》（JTG F90—2015）第 5.7.16 条"人行塔梯安装应符合下列规定：……2 人行塔梯基础应稳固，四脚应垫平，并应与基础固定"。

本条第3款参考《固定式钢梯及平台安全要求 第2部分：钢斜梯》（GB 4053.2—2009）第4.4.1条"……安装后的梯子不应有歪斜、扭曲、变形及其他缺陷"，第4.4.2条"制造安装工艺应确保梯子及其所有构件的表面光滑，无锐边、尖角、毛刺或其他可能对梯子使用者造成伤害或妨碍其通过的外部缺陷"及第4.5.2条"根据钢斜梯使用场合及环境条件，应对梯子进行合适的防锈及防腐涂装"。

4.3.2.4 本条第1款为防止长时间不用的移动式钢斜梯变形、生锈而影响性能。

本条第2款参考《建筑施工高处作业安全技术规范》（JGJ 80—2016）第5.1.3条"同一梯子上不得两人同时作业。在通道处使用梯子作业时，应有专人监护或设置围栏。脚手架操作层上严禁架设梯子作业"。

本条第4款参考《固定式钢梯及平台安全要求 第3部分：工业防护栏杆及钢平台》（GB 4053.3—2009）第6.2.1条和第6.2.2条："6.2.1 平台地面到上方障碍物的垂直距离应不小于2 000mm。6.2.2 对于仅限单人偶尔使用的平台，上方障碍物的垂直距离可适当减少，但应不小于1 900mm。"

本条第5款参考《建筑施工高处作业安全技术规范》（JGJ 80—2016）第6.2.4条"移动式操作平台移动时，操作平台上不得站人"。

本条第6款参考《建筑施工高处作业安全技术规范》（JGJ 80—2016）第6.2.3条"移动式操作平台……制动器除在移动情况外，均应保持制动状态"。

4.3.3 钢直梯

4.3.3.1 本条第1款对钢直梯结构组成予以明确。

本条第2款依据《公路工程施工安全技术规范》（JTG F90—2015）第5.7.12条第1款"攀登高度不宜大于8m"，参考《固定式钢梯及平台安全要求 第1部分：钢直梯》（GB 4053.1—2009）第4.2条有关倾角规定："4.2 钢直梯倾角 钢直梯应与其固定的结构表面平行并尽可能垂直水平面设置。当受条件限制不能垂直水平面时，两梯梁中心线所在平面与水平面倾角应在75°～90°范围内。"

本条第3款依据《公路工程施工安全技术规范》（JTG F90—2015）第5.7.12条"钢直梯应符合下列规定：1 攀登高度不宜大于8m，踏棍间距宜为0.3m，梯宽宜为0.6～1.1m。2 高度大于2m应设护笼，护笼间距宜为0.5m，直径宜为0.75m，并设纵向连接。3 高度大于8m应设梯间平台，并分段设梯。4 高度大于15m应每5m设一梯间平台，平台应设防护栏杆"。亦参考了《固定式钢梯及平台安全要求 第1部分：钢直梯》（GB 4053.1—2009）第5.5.1条、第5.5.2条、第5.5.5条和第5.5.6条的有关规定。"5.5.1 梯子的整个攀登高度上所有的踏棍垂直间距应相等，相邻踏棍垂直间距应为225mm～300mm，梯子下端的第一级踏棍距基准面距离应不大于450mm。5.5.2 圆形踏棍直径应不小于20mm，若采用其他截面形状的踏棍，其水平方向深度应不小于20mm。踏棍截面直径或外接圆直径应不大于35mm，以便于抓握。在同一攀登高度上踏棍的截面形状及尺寸应一致。5.5.5 踏棍应相互平行且水平设置。5.5.6 在因环境条件有可预见的打滑风险时，应对踏棍采取附加的防滑措施。"

本条第 4 款参考《固定式钢梯及平台安全要求 第 1 部分：钢直梯》（GB 4053.1—2009）第 5.6.1 条、第 5.6.4 条、第 5.6.5 条的有关规定。"5.6.1 梯梁的表面形状应使其在整个攀登高度上能为使用者提供一致的平滑手握表面，不应采用不便于手握紧的不规则形状截面（如大角钢、工字钢梁等）的梯梁。在同一攀登高度上梯梁应保持相同形状。5.6.4 在整个梯子的同一攀登长度上梯梁截面尺寸应保持一致。容许长细比不宜大于 200。5.6.5 梯梁所有接头应设计成保证梯梁整个结构的连续性。除非所用材料型号有要求，不应在中间支撑处出现接头。"

本条第 5 款依据《公路工程施工安全技术规范》（JTG F90—2015）第 5.7.12 条"钢直梯应符合下列规定：……2 高度大于 2m 应设护笼，护笼间距宜为 0.5m，直径宜为 0.75m，并设纵向连接"。同时参考《固定式钢梯及平台安全要求 第 1 部分：钢直梯》（GB 4053.1—2009）第 5.3.2 条、第 5.7.2 条、第 5.7.5 条和第 5.7.6 条的有关规定。"5.3.2 梯段高度大于 3m 时宜设置安全护笼。单梯段高度大于 7m 时，应设置安全护笼。当攀登高度小于 7m，但梯子顶部在地面、地板或屋顶之上高度大于 7m 时，也应设置安全护笼。5.7.2 水平笼箍采用不小于 50mm×6mm 的扁钢，立杆采用不小于 40mm×5mm 的扁钢。水平笼箍应固定到梯梁上，立杆应在水平笼箍内侧并间距相等，与其牢固连接。5.7.5 水平笼箍垂直间距应不大于 1 500mm。立杆间距应不大于 300mm，均匀分布。护笼各构件形成的最大空隙应不大于 0.4m^2。5.7.6 护笼底部距梯段下端基准面应不小于 2 100mm，不大于 3 000mm。护笼的底部宜呈喇叭形，此时其底部水平笼箍和上一级笼箍间在圆周上的距离不小于 100mm。"还参考《架桥机安全规程》（GB 26469—2011）第 3.7.2.5 条"装在结构内部的直梯，如果结构件的布置能够保证直径为 0.6m 的球体不能穿过，则可不设护笼"及第 3.7.2.7 条"如梯子在平台处不中断，则护圈也不应中断，但应在护圈侧面开一宽为 0.5m、高为 1.4m 的洞口，以便人员出入"。

本条第 6 款 1）依据《公路工程施工安全技术规范》（JTG F90—2015）第 5.7.12 条第 3 款、第 4 款。"5.7.12 钢直梯应符合下列规定：……3 高度大于 8m 应设梯间平台，并分段设梯。4 高度大于 15m 应每 5m 设一梯间平台，平台应设防护栏杆"。

本条第 6 款 2）参考《固定式钢梯及平台安全要求 第 3 部分：工业防护栏杆及钢平台》（GB 4053.3—2009）第 6.1.3 条"梯间平台（休息平台）的宽度应不小于梯子的宽度，且对直梯应不小于 700mm，斜梯应不小于 760mm，两者取较大值。梯间平台（休息平台）在行进方向的长度应不小于梯子的宽度，且对直梯应不小于 700mm，斜梯应不小于 850mm，两者取较大值。"

本条第 6 款 3）参考《固定式钢梯及平台安全要求 第 3 部分：工业防护栏杆及钢平台》（GB 4053.3—2009）第 6.2.1 条"平台地面到上方障碍物的垂直距离应不小于 2 000mm"。

本条第 6 款 4）参考《固定式钢梯及平台安全要求 第 3 部分：工业防护栏杆及钢

平台》（GB 4053.3—2009）第 6.4.1 条 "平台地板宜采用不小于 4mm 厚的花纹钢板或经防滑处理的钢板铺装，相邻钢板不应搭接。相邻钢板上表面的高度差应不大于 4mm"。

本条第 7 款 1）参考《固定式钢梯及平台安全要求 第 1 部分：钢直梯》（GB 4053.1—2009）第 5.6.2 条 "在正常环境下使用的梯子，梯梁应采用不小于 60mm×10mm 的扁钢，或具有等效强度的其他实心或空心型钢材"及第 5.6.3 条 "在非正常环境（如潮湿或腐蚀）下使用的梯子，梯梁应采用不小于 60mm×12mm 的扁钢，或具有等效强度的其他实心或空心型钢材"。

本条第 7 款 2）参考《固定式钢梯及平台安全要求 第 1 部分：钢直梯》（GB 4053.1—2009）第 5.7.2 条 "水平笼箍采用不小于 50mm×6mm 的扁钢，立杆采用不小于 40mm×5mm 的扁钢。水平笼箍应固定到梯梁上，立杆应在水平笼箍内侧并间距相等，与其牢固连接"。

本条第 7 款 3）参考《固定式钢梯及平台安全要求 第 3 部分：工业防护栏杆及钢平台》（GB 4053.3—2009）第 6.4.1 条 "平台地板宜采用不小于 4mm 厚的花纹钢板或经防滑处理的钢板铺装……"，结合工地应用实际和厂家的定型产品调研，规定梯间平台底板宜选用厚度不小于 3mm 花纹钢板或经防滑处理的普通钢板，或防滑木质板等其他等效结构材料。

本条第 7 款 4）参考《固定式钢梯及平台安全要求 第 1 部分：钢直梯》（GB 4053.1—2009）第 4.1.1 条 "钢直梯采用钢材的力学性能应不低于 Q235B，并具有碳含量合格保证"。

4.3.3.2 本条第 2 款 1）~3）参考《固定式钢梯及平台安全要求 第 1 部分：钢直梯》（GB 4053.1—2009）第 4.3.1 条、第 4.3.2 条和第 4.3.3 条。

"4.3.1 梯梁设计载荷按组装固定后其上端承受 2kN 垂直集中活载荷计算（高度按支撑间距选取，无中间支撑时按两端固定点距离选取）。在任何方向上的挠曲变形应不大于 2mm。

4.3.2 踏棍设计载荷按在其中点承受 1kN 垂直集中活载荷计算。允许挠度不大于踏棍长度的 1/250。

4.3.3 每对梯子支撑及其连接件应能承受 3kN 的垂直载荷及 0.5kN 的拉出载荷。"

本条第 2 款 4）参考《建筑施工脚手架安全技术统一标准》（GB 51210—2016）第 5.1.5 条，非砌筑工程的其他主体结构工程作业脚手架作业层施工荷载标准值取 2.0kN/m²。

4.3.3.3 本条第 1 款参考《固定式钢梯及平台安全要求 第 1 部分：钢直梯》（GB 4053.1—2009）第 4.4.1 条 "钢直梯应采用焊接连接，焊接要求应符合 GB 50205 的规定。采用其他方式连接时，连接强度应不低于焊接"。

本条第 2 款参考《固定式钢梯及平台安全要求 第 1 部分：钢直梯》（GB

4053.1—2009)第5.1.1条"无基础的钢直梯,至少焊两对支撑,将梯梁固定在结构、建筑物或设备上。相邻两对支撑的竖向间距,应根据梯梁截面尺寸、梯子内侧净宽度及其在钢结构或混凝土结构的拉拔载荷特性确定",第4.4.3条"安装在固定结构上的钢直梯,应下部固定,其上部的支撑与固定结构牢固连接,在梯梁上开设长圆孔,采用螺栓连接",第4.4.4条"固定在设备上的钢直梯当温差较大时,相邻支撑中应一对支撑完全固定,另一对支撑在梯梁上开设长圆孔,采用螺栓连接"及《固定式钢梯及平台安全要求 第3部分:工业防护栏杆及钢平台》(GB 4053.3—2009)第6.3条"平台应安装在牢固可靠地支撑结构上,并与其刚性连接;……"。同时参考《建筑施工高处作业安全技术规范》(JGJ 80—2016)第6.4.5条"采用悬臂梁式的操作平台,应采用型钢制作悬挑梁或悬挑桁架,不得使用钢管,其节点应采用螺栓或焊接的刚性节点"及第5.1.7条"固定直梯的支撑应采用不小于∠70×6mm的角钢"。

本条第3款参考《固定式钢梯及平台安全要求 第1部分:钢直梯》(GB 4053.1—2009)第4.4.1条"……安装后的梯子不应有歪斜、扭曲、变形及其他缺陷",第4.4.2条"制造安装工艺应确保梯子及其所有构件的表面光滑,无锐边、尖角、毛刺或其他可能对梯子使用者造成伤害或妨碍其通过的外部缺陷"及第4.5.2条"根据钢直梯使用场合及环境条件,应对梯子进行合适的防锈及防腐涂装"。

4.3.3.4 本条第1款1)为防止长时间不用的钢直梯变形、生锈而影响性能。

本条第1款2)参考《建筑施工高处作业安全技术规范》(JGJ 80—2016)第5.1.3条"同一梯子上不得两人同时作业。在通道处使用梯子作业时,应有专人监护或设置围栏。脚手架操作层上严禁架设梯子作业"。

4.3.4 人行塔梯

4.3.4.1 本条第1款对人行塔梯结构组成予以明确。

本条第2款参考《公路工程施工安全技术规范》(JTG F90—2015)第5.7.22条"不宜使用竹、木质脚手架"及《公路水运工程淘汰危及生产安全施工工艺、设备和材料目录》"发布之日起九个月后新开工项目不得使用竹(木)脚手架"。参考《固定式钢梯及平台安全要求 第3部分:工业防护栏杆及钢平台》(GB 4053.3—2009)第6.2.1条、第6.2.2条:"6.2.1 平台地面到上方障碍物的垂直距离应不小于2 000mm。6.2.2 对于仅限单人偶尔使用的平台,上方障碍物的垂直距离可适当减少,但应不小于1 900mm。"

本条第3款参考《建筑施工脚手架安全技术统一标准》(GB 51210—2016)第8.2.3~8.2.5条条文说明:"当作业脚手架搭设高度在24m以下时,斜撑杆或交叉拉杆的覆盖面积可按作业脚手架外立面的1/8~1/6布设;当作业脚手架搭设高度在24m以上或需要满布大剪刀撑时,斜撑杆或交叉拉杆的覆盖面积可按作业脚手架外立面的1/4~1/3布设。"

本条第5款参考《公路工程施工安全技术规范》(JTG F90—2015)第5.7.16条第

6款。"5.7.16 人行塔梯安装应符合下列规定：6 人行塔梯通往作业面通道的两侧宜用钢丝网封闭。"

本条第6款1）、2）、4）参考《固定式钢梯及平台安全要求 第3部分：工业防护栏杆及钢平台》（GB 4053.3—2009）第6.1.3条、第6.3条、第6.4.1条的有关规定。

"6.1.3 梯间平台（休息平台）的宽度应不小于梯子的宽度，且对直梯应不小于700mm，斜梯应不小于760mm，两者取较大值。梯间平台（休息平台）在行进方向的长度应不小于梯子的宽度，且对直梯应不小于700mm，斜梯应不小于850mm，两者取较大值。

6.3 支撑结构 平台应安装在牢固可靠的支撑结构上，并与其刚性连接；梯间平台（休息平台）不应悬挂在梯段上。

6.4.1 平台地板宜采用不小于4mm厚的花纹钢板或经防滑处理的钢板铺装，相邻钢板不应搭接。相邻钢板上表面的高度差应不大于4mm。"本款结合工地应用实际和厂家的定型产品调研，规定梯间平台底板宜选用厚度不小于3mm花纹钢板或经防滑处理的普通钢板，或防滑木质板等其他等效结构材料。本条第6款3）依据《公路工程施工安全技术规范》（JTG F90—2015）第5.7.16条第1款。"5.7.16 人行塔梯安装应符合下列规定：1 顶部和各节平台应满铺防滑面板并牢固固定，四周应设置安全护栏。"

本条第7款参考《建筑施工安全检查标准》（JGJ 59—2011）第3.15.4条条文说明："对物料提升机一般项目说明如下：……基础混凝土强度等级不应低于C20，厚度不应小于300mm。"

本条第8款参考《建筑施工高处作业安全技术规范》（JGJ 80—2016）第7.1.4条"施工现场人员进出的通道口，应搭设安全防护棚"。

本条第9款1）参考《固定式钢梯及平台安全要求 第3部分：工业防护栏杆及钢平台》（GB 4053.3—2009）第6.4.1条"平台地板宜采用不小于4mm厚的花纹钢板或经防滑处理的钢板铺装……"，结合工地应用实际和厂家的定型产品调研，规定梯间平台底板宜选用厚度不小于3mm花纹钢板或经防滑处理的普通钢板，或防滑木质板等其他等效结构材料。

本条第9款2）参考《建筑施工安全检查标准》（JGJ 59—2011）第3.15.4条条文说明"对物料提升机一般项目说明如下：……基础混凝土强度等级不应低于C20，厚度不应小于300mm。"

本条第9款3）参考《固定式钢梯及平台安全要求 第2部分：钢斜梯》（GB 4053.2—2009）第4.1条"钢斜梯采用钢材的力学性能应不低于Q235B，并具有碳含量合格保证"。

4.3.4.2 本条第2款2）参考《固定式钢梯及平台安全要求 第3部分：工业防护栏杆及钢平台》（GB 4053.3—2009）第4.4条：

"4.4 钢平台设计载荷

4.4.1 钢平台的设计载荷应按实际使用要求确定，并应不小于本部分规定的值。

4.4.2 整个平台区域内应能承受不小于3kN/m²均匀分布活载荷。

4.4.3 在平台区域内中心距为1 000mm，边长300mm正方形上应能承受不小于1kN集中载荷。"同时参考《建筑施工脚手架安全技术统一标准》（GB 51210—2016）5.1.5条，非砌筑工程的其他主体结构工程作业脚手架作业层施工荷载标准值取2.0kN/m²。

本条第2款3）参考《建筑施工临时支撑结构技术规范》（JGJ 300—2013）第4.3.4条。

"4.3.4 水平杆变形验算应符合下式要求：

$$v \leqslant [v] \qquad (4.3.4)$$

式中：v——挠度（mm），应按本规范第4.3.5条计算；

$[v]$——受弯构件容许挠度，为跨度的1/150和10mm中的较小值。"

本条第2款4）、5）中荷载组合依据《建筑施工脚手架安全技术统一标准》（GB 51210—2016）第5.2.2条、第5.2.3条的有关规定。

"5.2.2 脚手架结构及构配件承载能力极限状态设计时，应按下列规定采用荷载的基本组合：

1 作业脚手架荷载的基本组合应按表5.2.2-1的规定采用。

作业脚手架荷载的基本组合　　　　表5.2.2-1

计 算 项 目	荷载的基本组合
水平杆强度；附着式升降脚手架的水平支承桁架及固定吊拉杆强度；悬挑脚手架悬挑支承结构强度、稳定承载力	永久荷载+施工荷载
立杆稳定承载力；附着式升降脚手架竖向主框架及附墙支座强度、稳定承载力	永久荷载+施工荷载+ψ_w风荷载
连墙件强度、稳定承载力	风荷载+N_0
立杆地基承载力	永久荷载+施工荷载

注：1　N_0为连墙件约束作业脚手架的平面外变形所产生的轴向力设计值。
　　2　ψ_w为风荷载组合值系数。

5.2.3 脚手架结构及构配件正常使用极限状态设计时，应按下列规定采用荷载的标准组合：

1 作业脚手架荷载的标准组合应按表5.2.3-1的规定采用。

作业脚手架荷载的标准组合　　　　表5.2.3-1

计 算 项 目	荷载的标准组合
水平杆挠度	永久荷载
悬挑脚手架水平型钢悬挑梁挠度	永久荷载

本条第2款中荷载标准值取值依据《建筑施工脚手架安全技术统一标准》（GB 51210—2016）第5.1节的有关规定。

4.3.4.3 本条第1款依据《公路工程施工安全技术规范》（JTG F90—2015）第5.7.16条：

"人行塔梯安装应符合下列规定：……

2 人行塔梯基础应稳固，四脚应垫平，并应与基础固定。

3 塔梯连接螺栓应紧固，并应采取防退扣措施。

4 人行塔梯高度超过5m应设连墙件。

5 用电线路不宜装设在塔梯上，必须装设时，线路与塔体间应绝缘。……"

参考《建筑施工脚手架安全技术统一标准》（GB 51210—2016）第8.2.2条：

"2 连墙点的水平间距不得超过3跨，竖向间距不得超过3步，连墙点之上架体的悬臂高度不应超过2步；

3 在架体的转角处、开口型作业脚手架端部应增设连墙件，连墙件的垂直间距不应大于建筑物层高，且不应大于4.0m。"

同时参考《建筑施工门式钢管脚手架安全技术标准》（JGJ/T 128—2019）第6.2.11条第2款"按每根连墙件覆盖面积设置连墙件时，连墙件的竖向间距不应大于6m"。

本条第2款参考《建筑施工门式钢管脚手架安全技术标准》（JGJ/T 128—2019）第6.2.10条、第6.2.13条。

"6.2.10 门式作业脚手架应按设计计算和构造要求设置连墙件与建筑结构拉结，连墙件设置的位置和数量应按专项施工方案确定，应按确定的位置设置预埋件，并应符合下列规定：

1 连墙件应采用能承受压力和拉力的构造，并应与建筑结构和架体连接牢固；

2 连墙件应从作业脚手架的首层首步开始设置，连墙点之上架体的悬臂高度不应超过2步。"

"6.2.13 连墙件宜水平设置；当不能水平设置时，与门式作业脚手架连接的一端，应低于与建筑结构连接的一端，连墙杆的坡度宜小于1∶3。"

参考《建筑施工承插型盘扣式钢管支架安全技术规程》（JGJ 231—2010）第6.2.7条第2款"连墙件应设置在有水平杆的盘扣节点旁，连接点至盘扣节点距离不应大于300mm；采用钢管扣件做连墙件时，连墙杆应采用直角扣件与立杆连接"。

亦参考《建筑施工脚手架安全技术统一标准》（GB 51210—2016）第9.0.5条："作业脚手架连墙件的安装必须符合下列规定：

1 连墙件的安装必须随作业脚手架搭设同步进行，严禁滞后安装；

2 当作业脚手架操作层高出相邻连墙件2个步距及以上时，在上层连墙件安装完毕前，必须采取临时拉结措施。"

同时结合工地应用实际和厂家的定型产品调研，对连墙件连接方式做出相应规定。

本条第2款6）参考《建筑施工扣件式钢管脚手架安全技术规范》（JGJ 130—2011）第6.8.6条"……当无法设置连墙件时，应采取设置钢丝绳张拉固定等措施"。

本条第3款安装方式可参考现行《混凝土结构设计规范》（GB 50010）、《混凝土结构工程施工质量验收规范》（GB 50204）、《钢结构设计标准》（GB 50017）、《钢结构工程施工质量验收标准》（GB 50205）、《钢结构焊接规范》（GB 50661）、《紧固件机械性能 螺栓、螺钉和螺柱》（GB/T 3098.1）等有关规定。

本条第4款5）参考《钢管满堂支架预压技术规程》（JGJ/T 194—2009）第4.1.3条"支架基础应设置排水、隔水措施，不得被混凝土养护用水和雨水浸泡"。

4.3.4.4 本条第1款1）参考《公路工程施工安全技术规范》（JTG F90—2015）第3.0.14条"施工现场出入口、沿线各交叉口、施工起重机械、临时用电设施以及脚手架等临时设施、民爆物品和易燃易爆危险品库房、孔洞口、基坑边沿、桥梁边沿、码头边沿、隧道洞口和洞内等危险部位应设置明显的安全警示标志和必要的安全防护设施"。

本条第1款2）参考《公路工程施工安全技术规范》（JTG F90—2015）第12.4.2条"夜间施工时，作业现场的预留孔洞、上下道口及沟槽等危险部位应设置夜间警示标志和警示灯"。

本条第1款3）参考《建筑施工脚手架安全技术统一标准》（GB 51210—2016）第11.2.1条和第11.2.2条："11.2.1 脚手架作业层上的荷载不得超过设计允许荷载。11.2.2 严禁将支撑脚手架、缆风绳、混凝土输送泵管、卸料平台及大型设备的支承件等固定在作业脚手架上。严禁在作业脚手架上悬挂起重设备。"

本条第1款5）参考《建筑施工脚手架安全技术统一标准》（GB 51210—2016）第11.2.8条"在脚手架使用期间，立杆基础下及附近不宜进行挖掘作业。当因施工需要需进行挖掘作业时，应对架体采取加固措施"。

本条第2款参考《建筑施工脚手架安全技术统一标准》（GB 51210—2016）第11.1.5条"脚手架在使用过程中，应定期进行检查，检查项目应符合下列规定：1 主要受力杆件、剪刀撑等加固杆件、连墙件应无缺失、无松动，架体应无明显变形；2 场地应无积水，立杆底端应无松动、无悬空；3 安全防护设施应齐全、有效，应无损坏缺失……"及第11.1.6条"当脚手架遇有下列情况之一时，应进行检查，确认安全后方可继续使用：1 遇有6级及以上强风或大雨过后；2 冻结的地基土解冻后；3 停用超过1个月；4 架体部分拆除；5 其他特殊情况"。同时依据《公路工程施工安全技术规范》（JTG F90—2015）第5.7.25条"脚手架应设排水措施，遇洪水或大雨浸泡后，应重新检验脚手架基础"。

本条第3款1）参考《建筑施工脚手架安全技术统一标准》（GB 51210—2016）第11.2.9条"在搭设和拆除脚手架作业时，应设置安全警戒线、警戒标志，并应派专人监护，严禁非作业人员入内"。

本条第3款2）～6）参考《建筑施工脚手架安全技术统一标准》（GB 51210—2016）第9.0.8条：

"脚手架的拆除作业必须符合下列规定：

1 架体的拆除应从上而下逐层进行，严禁上下同时作业；

2 同层杆件和构配件必须按先外后内的顺序拆除；剪刀撑、斜撑杆等加固杆件必须在拆卸至该杆件所在部位时再拆除；

3 作业脚手架连墙件必须随架体逐层拆除，严禁先将连墙件整层或数层拆除后再拆架体。拆除作业过程中，当架体的自由端高度超过 2 个步距时，必须采取临时拉结措施。"

4.3.5 高处作业水平通道

4.3.5.1 本条第 1 款对高处作业水平通道结构组成予以明确。

本条第 2 款参考《固定式钢梯及平台安全要求 第 3 部分：工业防护栏杆及钢平台》（GB 4053.3—2009）第 6.1.2 条"通行平台的无障碍宽度应不小于 750mm，单人偶尔通行的平台宽度可适当减小，但应不小于 450mm"及《建筑施工扣件式钢管脚手架安全技术规范》（JGJ 130—2011）第 6.7.2 第 2 款"人行斜道宽度不应小于 1m，坡度不应大于 1:3"。本款结合工地应用实际，规定宽度不应小于 0.75m，坡度不应大于 1:3。

本条第 3 款参考《钢结构工程施工质量验收标准》（GB 50205—2020）表 12.3.4："当采用直接搭接时，用于屋面坡度≤10% 的屋面外层板的压型金属板搭接长度不宜小于 250mm。"结合工地应用实际和厂家的定型产品调研，规定通道底部搭接长度不应小于 0.5m。

本条第 4 款参考《建筑施工安全检查标准》（JGJ 59—2011）第 3.5.3 条第 5 款 "1）脚手板材质、规格应符合规范要求；2）脚手板应铺设严密、平整、牢固"，《固定式钢梯及平台安全要求 第 3 部分：工业防护栏杆及钢平台》（GB 4053.3—2009）第 6.4.1 条"平台地板宜采用不小于 4mm 厚的花纹钢板或经防滑处理的钢板铺装，相邻钢板不应搭接。相邻钢板上表面的高度差应不大于 4mm"及《建筑施工高处作业安全技术规范》（JGJ 80—2016）第 5.1.11 条"……采用斜道时，应加设间距不大于 400mm 的防滑条等防滑措施"。

本条第 6 款 1）结合工地应用实际和厂家的定型产品调研，规定底板支撑宜采用型钢。

本条第 6 款 2）参考《固定式钢梯及平台安全要求 第 3 部分：工业防护栏杆及钢平台》（GB 4053.3—2009）第 6.4.1 条"平台地板宜采用不小于 4mm 厚的花纹钢板或经防滑处理的钢板铺装，相邻钢板不应搭接。相邻钢板上表面的高度差应不大于 4mm"。

本条第 6 款 3）参考《固定式钢梯及平台安全要求 第 2 部分：钢斜梯》（GB 4053.2—2009）第 4.1 条"钢斜梯采用钢材的力学性能应不低于 Q235B，并具有碳含量合格保证"。

4.3.5.2 本条第 2 款 1）参考《固定式钢梯及平台安全要求 第 3 部分：工业防护栏杆及钢平台》（GB 4053.3—2009）第 4.4 条："4.4 钢平台设计载荷

……

4.4.3 在平台区域内中心距为 1 000mm，边长 300mm 正方形上应能承受不小于

1kN集中载荷。"

同时参考《建筑施工脚手架安全技术统一标准》（GB 51210—2016）5.1.5条，非砌筑工程的其他主体结构工程作业脚手架作业层施工荷载标准值取2.0kN/m²。

本条第2款2）参考《建筑施工临时支撑结构技术规范》（JGJ 300—2013）第4.3.4条。

"4.3.4 水平杆变形验算应符合下式要求：

$$\nu \leqslant [\nu] \tag{4.3.4}$$

式中：ν——挠度（mm），应按本规范第4.3.5条计算；

$[\nu]$——受弯构件容许挠度，为跨度的1/150和10mm中的较小值。"

4.3.5.3 本条第2款中安装方式可参考现行《混凝土结构设计规范》（GB 50010）、《混凝土结构工程施工质量验收规范》（GB 50204）、《钢结构设计标准》（GB 50017）、《钢结构工程施工质量验收标准》（GB 50205）、《钢结构焊接规范》（GB 50661）、《紧固件机械性能 螺栓、螺钉和螺柱》（GB/T 3098.1）等有关规定。

本条第3款1）参考《固定式钢梯及平台安全要求 第3部分：工业防护栏杆及钢平台》（GB 4053.3—2009）4.5.4条"安装后的平台钢梁应平直，铺板应平整，不应有歪斜、翘曲、变形及其他缺陷"。

4.3.5.4 本条第1款参考《建筑施工脚手架安全技术统一标准》（GB 51210—2016）第11.2.1条"脚手架作业层上的荷载不得超过设计允许荷载"及《建筑施工高处作业安全技术规范》（JGJ 80—2016）第6.1.4条"应在操作平台明显位置设置标明允许负载值的限载牌及限定允许的作业人数，物料应及时转运，不得超重、超高堆放"。

本条第2款参考《建筑施工高处作业安全技术规范》（JGJ 80—2016）第6.1.5条"操作平台使用中应每月不少于1次定期检查，应由专人进行日常维护，及时消除安全隐患"。

4.4 高处作业平台

4.4.1 悬挑式作业平台

4.4.1.1 本条第1款对悬挑式作业平台结构组成予以明确。

本条第2款参考《建筑施工高处作业安全技术规范》（JGJ 80—2016）第6.4.2条"悬挑式操作平台的悬挑长度不宜大于5m……"，参考《固定式钢梯及平台安全要求 第3部分：工业防护栏杆及钢平台》（GB 4053.3—2009）第6.2.1条、第6.2.2条：

"6.2.1 平台地面到上方障碍物的垂直距离应不小于2 000mm。6.2.2 对于仅限单人偶尔使用的平台，上方障碍物的垂直距离可适当减少，但应不小于1 900mm。"

本条第3款参考《建筑施工高处作业安全技术规范》（JGJ 80—2016）第6.4.3

条、第6.4.4条、第6.4.5条的有关规定。"6.4.3 采用斜拉方式的悬挑式操作平台，平台两侧的连接吊环应与前后两道斜拉钢丝绳连接，每一道钢丝绳应能承载该侧所有荷载。6.4.4 采用支承方式的悬挑式操作平台，应在钢平台下方设置不少于两道斜撑，斜撑的一端应支承在钢平台主结构钢梁下，另一端应支承在建筑物主体结构。6.4.5 采用悬臂梁式的操作平台，应采用型钢制作悬挑梁或悬挑桁架，不得使用钢管，其节点应采用螺栓或焊接的刚性节点。当平台板上的主梁采用与主体结构预埋件焊接时，预埋件、焊缝均应经过设计计算，建筑主体架构应同时满足强度要求"。本条第3款1）中荷载应选择合适的动力系数。

本条第4款参考《固定式钢梯及平台安全要求 第3部分：工业防护栏杆及钢平台》（GB 4053.3—2009）第6.4.1条"平台地板宜采用不小于4mm厚的花纹钢板或经防滑处理的钢板铺装，相邻钢板不应搭接。相邻钢板上表面的高度差应不大于4mm"和《建筑施工高处作业安全技术规范》（JGJ 80—2016）第6.4.8条"悬挑式操作平台的外侧应略高于内侧"。

本条第5款参考《固定式钢梯及平台安全要求 第3部分：工业防护栏杆及钢平台》（GB 4053.3—2009）第4.1.1条"距下方相邻地板或地面1.2m及以上的平台、通道或工作面的所有敞开边缘应设置防护栏杆。"

本条第6款1）参考《建筑施工高处作业安全技术规范》（JGJ 80—2016）第6.4.5条"采用悬臂梁式的操作平台，应采用型钢制作悬挑梁或悬挑桁架，不得使用钢管，……。"

本条第6款2）参考《固定式钢梯及平台安全要求 第3部分：工业防护栏杆及钢平台》（GB 4053.3—2009）第6.4.1条"平台地板宜采用厚度不小于4mm厚的花纹钢板或经防滑处理的钢板铺装，相邻钢板不应搭接。相邻钢板上表面的高度差应不大于4mm。"本款结合工地应用实际和厂家的定型产品调研，规定作业平台底板宜选用厚度3mm花纹钢板，或经防滑处理的普通钢板，或冲孔钢板网，或其他等效结构的材料。

本条第6款3）参考《建筑施工脚手架安全技术统一标准》（GB 51210—2016）第4.0.2条"脚手架所使用的型钢、钢板、圆钢应符合国家现行相关标准的规定，其材质应符合现行国家标准《碳素结构钢》（GB/T 700）中Q235级钢或《低合金高强度钢》（GB/T 1591）中Q345级钢的规定。"及其条文说明"……一般情况下，只有在结构件受力较复杂或搭设超重脚手架时，钢管才选择Q345级钢，一般脚手架钢管均选择Q235级钢，这是因为脚手架破坏均为稳定破坏，选择Q235级钢较为适宜，如选择Q345级钢，其钢材的潜力不能充分发挥利用。……"

4.4.1.2 本条第2款1）参考《固定式钢梯及平台安全要求 第3部分：工业防护栏杆及钢平台》（GB 4053.3—2009）第4.4条："4.4 钢平台设计载荷……4.4.3 在平台区域内中心距为1 000mm，边长300mm正方形上应能承受不小于1kN集中载荷。"同时参考《建筑施工脚手架安全技术统一标准》（GB 51210—2016）第5.1.5条，非砌筑工程的其他主体结构工程作业脚手架作业层施工荷载标准值取2.0kN/m²。

4.4.1.3 本条第1款2）参考《建筑施工高处作业安全技术规范》（JGJ 80—2016）第6.4.5条"采用悬臂梁式的操作平台，应采用型钢制作悬挑梁或悬挑桁架，不得使用钢管，其节点应采用螺栓或焊接的刚性节点"。

本条第1款3）参考《固定式钢梯及平台安全要求 第3部分：工业防护栏杆及钢平台》（GB 4053.3—2009）第4.5.3条"钢平台和通道不应仅靠自重安装固定。当采用仅靠拉力的固定件时，其工作载荷系数应不小于1.5。设计时应考虑腐蚀和疲劳应力对固定件寿命的影响"。

本条第1款4）参考《建筑施工高处作业安全技术规范》（JGJ 80—2016）第6.4.1条第1款"操作平台的搁置点、拉结点、支撑点应设置在稳定的主体结构上，且应可靠连接"。

本条第3款参考《固定式钢梯及平台安全要求 第3部分：工业防护栏杆及钢平台》（GB 4053.3—2009）第4.5.4条"安装后的平台钢梁应平直，铺板应平整，不应有歪斜、翘曲、变形及其他缺陷"。

4.4.1.4 本条第1款参考《建筑施工高处作业安全技术规范》（JGJ 80—2016）第6.1.4条"应在操作平台明显位置设置标明允许负载值的限载牌及限定允许的作业人数，物料应及时转运，不得超重、超高堆放"及第6.4.9条"人员不得在悬挑式操作平台吊运、安装时上下"。

本条第2款参考《建筑施工高处作业安全技术规范》（JGJ 80—2016）第6.1.5条"操作平台使用中应每月不少于1次定期检查，应由专人进行日常维护，及时消除安全隐患"。

4.4.2 落地式作业平台

4.4.2.1 本条第1款对落地式作业平台结构组成予以明确。

本条第2款参考《建筑施工高处作业安全技术规范》（JGJ 80—2016）第6.3.1条"落地式操作平台架体构造应符合下列规定：1 操作平台高度不应大于15m，高宽比不应大于3:1；……"，以及《固定式钢梯及平台安全要求 第3部分：工业防护栏杆及钢平台》（GB 4053.3—2009）第6.2.1条、第6.2.2条："6.2.1 平台地面到上方障碍物的垂直距离应不小于2 000mm。6.2.2 对于仅限单人偶尔使用的平台，上方障碍物的垂直距离可适当减少，但应不小于1 900mm。"和《水运工程施工安全防护技术规范》（JTS 205-1—2008）第4.3.3.2条"……平台上作业场地的大小，应充分考虑施工人员的作业安全"。

本条第3款参考《建筑施工高处作业安全技术规范》（JGJ 80—2016）第6.3.1条"落地式操作平台架体构造应符合下列规定：……4 用脚手架搭设操作平台时，其立杆间距和步距等结构要求应符合国家现行相关脚手架规范的规定；应在立杆下部设置底座或垫板、纵向与横向扫地杆，并应在外立面设置剪刀撑或斜撑；……"。

本条第 8 款参考《公路工程施工安全技术规范》（JTG F90—2015）第 5.7.5 条第 2 款"防护栏杆下方有人员及车辆通行或作业的，应挂密目式安全网封闭……"。

本条第 9 款参考《建筑施工安全检查标准》（JGJ 59—2011）第 3.15.4 条条文说明"对物料提升机一般项目说明如下：……基础混凝土强度等级不应低于 C20，厚度不应小于 300mm"。

4.4.2.2 本条第 2 款 1）参考《固定式钢梯及平台安全要求 第 3 部分：工业防护栏杆及钢平台》（GB 4053.3—2009）第 4.4 条："4.4 钢平台设计载荷……4.4.3 在平台区域内中心距为 1 000mm，边长 300mm 正方形上应能承受不小于 1kN 集中载荷。"同时参考《建筑施工脚手架安全技术统一标准》（GB 51210—2016）第 5.1.5 条，非砌筑工程的其他主体结构工程作业脚手架作业层施工荷载标准值取 $2.0kN/m^2$。

本条第 2 款 4）参考《建筑施工高处作业安全技术规范》（JGJ 80—2016）第 6.2.3 条"移动式行走轮承载力不应小于 5kN，制动力矩不应小于 $2.5N·m$……"。

本条第 4 款参考《建筑施工高处作业安全技术规范》（JGJ 80—2016）第 6.3.3 条"落地式操作平台应按国家现行相关脚手架标准的规定计算受弯构件强度、连接扣件抗滑承载力、立杆稳定性、连墙杆件强度与稳定性及连接强度、立杆地基承载力等"。

4.4.2.3 本条第 2 款参考《建筑施工高处作业安全技术规范》（JGJ 80—2016）第 6.3.1 条第 3 款"操作平台应与建筑物进行刚性连接或加设防倾措施，不得与脚手架连接"。

本条第 3 款参考《水运工程施工安全防护技术规范》（JTS 205-1—2008）第 4.3.3.1 条"水上工作平台应稳固。顶部应满铺面板，面板与下部结构连接应牢固，悬臂板应采取有效的加固措施"。

本条第 4 款中安装方式可参考现行《混凝土结构设计规范》（GB 50010）、《混凝土结构工程施工质量验收规范》（GB 50204）、《钢结构设计标准》（GB 50017）、《钢结构工程施工质量验收标准》（GB 50205）、《钢结构焊接规范》（GB 50661）、《紧固件机械性能 螺栓、螺钉和螺柱》（GB/T 3098.1）等有关规定。

本条第 5 款 1）、2）参考《固定式钢梯及平台安全要求 第 3 部分：工业防护栏杆及钢平台》（GB 4053.3—2009）第 4.5.4 条"安装后的平台钢梁应平直，铺板应平整，不应有歪斜、翘曲、变形及其他缺陷"和《建筑施工高处作业安全技术规范》（JGJ 80—2016）第 6.2.3 条"……移动式操作平台架体应保持垂直，不得弯曲变形……"。

本条第 5 款 3）参考《钢管满堂支架预压技术规程》（JGJ/T 194—2009）第 4.1.3 条"支架基础应设置排水、隔水措施，不得被混凝土养护用水和雨水浸泡"。

4.4.2.4 本条第 1 款 1）参考《建筑施工高处作业安全技术规范》（JGJ 80—2016）第 6.1.4 条"应在操作平台明显位置设置标明允许负载值的限载牌及限定允许的作业人数，物料应及时转运，不得超重、超高堆放"。

本条第1款2）参考《公路工程施工安全技术规范》（JTG F90—2015）第3.0.14条"施工现场出入口、沿线各交叉口、施工起重机械、临时用电设施以及脚手架等临时设施、民爆物品和易燃易爆危险品库房、孔洞口、基坑边沿、桥梁边沿、码头边沿、隧道洞口和洞内等危险部位应设置明显的安全警示标志和必要的安全防护设施"。

本条第1款3）参考《公路工程施工安全技术规范》（JTG F90—2015）第12.4.2条"夜间施工时，作业现场的预留孔洞、上下道口及沟槽等危险部位应设置夜间警示标志和警示灯"。

本条第1款4）参考《建筑施工脚手架安全技术统一标准》（GB 51210—2016）第11.2.2条"11.2.2 严禁将支撑脚手架、缆风绳、混凝土输送泵管、卸料平台及大型设备的支承件等固定在作业脚手架上。严禁在作业脚手架上悬挂起重设备"。

本条第1款6）参考《建筑施工脚手架安全技术统一标准》（GB 51210—2016）第11.2.8条"在脚手架使用期间，立杆基础下及附近不宜进行挖掘作业。当因施工需要需进行挖掘作业时，应对架体采取加固措施"。

本条第1款7）参考《水运工程施工安全防护技术规范》（JTS 205-1—2008）第4.3.3.3条"水上工作平台应设置安全警示标志和必要的救生器材"。

本条第2款参考《建筑施工高处作业安全技术规范》（JGJ 80—2016）第6.1.5条"操作平台使用中应每月不少于1次定期检查，应由专人进行日常维护，及时消除安全隐患"和《建筑施工脚手架安全技术统一标准》（GB 51210—2016）第11.1.5条"脚手架在使用过程中，应定期进行检查，检查项目应符合下列规定：1 主要受力杆件、剪刀撑等加固杆件、连墙件应无缺失、无松动，架体应无明显变形；2 场地应无积水，立杆底端应无松动、无悬空；3 安全防护设施应齐全、有效，应无损坏缺失……"以及《建筑施工脚手架安全技术统一标准》（GB 51210—2016）第11.1.6条"当脚手架遇有下列情况之一时，应进行检查，确认安全后方可继续使用：1 遇有6级及以上强风或大雨过后；2 冻结的地基土解冻后；3 停用超过1个月；4 架体部分拆除；5 其他特殊情况"同时依据《公路工程施工安全技术规范》（JTG F90—2015）第5.7.25条"脚手架应设排水措施，遇洪水或大雨浸泡后，应重新检验脚手架基础"。

4.4.3 移动式作业平台

4.4.3.1 本条第1款对移动式作业平台结构组成予以明确。

本条第2款参考《建筑施工高处作业安全技术规范》（JGJ 80—2016）第6.2.1条"移动式操作平台面积不宜大于10m²，高度不宜大于5m，高宽比不应大于2∶1，施工荷载不应大于1.5kN/m²"及条文说明"高宽比的要求是从整体稳定性考虑"。结合工程应用实际，规定高宽比不应大于2∶1。

本条第6款参考《建筑施工高处作业安全技术规范》（JGJ 80—2016）第6.2.2条

"移动式操作平台的轮子与平台架体连接应牢固，立柱底端离地面不得大于80mm，行走轮和导向轮应配有制动器或刹车闸等制动措施"。

4.4.3.2 本条第2款1）参考《固定式钢梯及平台安全要求 第3部分：工业防护栏杆及钢平台》（GB 4053.3—2009）第4.4条：

"4.4 钢平台设计载荷

……

4.4.3 在平台区域内中心距为1 000mm，边长300mm正方形上应能承受不小于1kN集中载荷。"

同时参考《建筑施工脚手架安全技术统一标准》（GB 51210—2016）5.1.5条，非砌筑工程的其他主体结构工程作业脚手架作业层施工荷载标准值取$2.0kN/m^2$。

本条第2款2）参考《建筑施工临时支撑结构技术规范》（JGJ 300—2013）第4.3.4条：

"4.3.4 水平杆变形验算应符合下式要求：

$$\nu \leqslant [\nu] \qquad (4.3.4)$$

式中：ν——挠度（mm），应按本规范第4.3.5条计算；

$[\nu]$——受弯构件容许挠度，为跨度的1/150和10mm中的较小值。"

本条第2款4）参考《建筑施工高处作业安全技术规范》（JGJ 80—2016）第6.2.3条"移动式行走轮承载力不应小于5kN，制动力矩不应小于2.5N·m……"。

4.4.3.3 本条第3款中安装方式可参考现行《混凝土结构设计规范》（GB 50010）、《混凝土结构工程施工质量验收规范》（GB 50204）、《钢结构设计标准》（GB 50017）、《钢结构工程施工质量验收标准》（GB 50205）、《钢结构焊接规范》（GB 50661）、《紧固件机械性能 螺栓、螺钉和螺柱》（GB/T 3098.1）等有关规定。

本条第4款参考《固定式钢梯及平台安全要求 第3部分：工业防护栏杆及钢平台》（GB 4053.3—2009）第4.5.4条"安装后的平台钢梁应平直，铺板应平整，不应有歪斜、翘曲、变形及其他缺陷"和《建筑施工高处作业安全技术规范》（JGJ 80—2016）第6.2.3条"……移动式操作平台架体应保持垂直，不得弯曲变形……"。

4.4.3.4 本条第1款1）参考《建筑施工高处作业安全技术规范》（JGJ 80—2016）第6.1.4条"应在操作平台明显位置设置标明允许负载值的限载牌及限定允许的作业人数，物料应及时转运，不得超重、超高堆放"。

本条第1款2）参考《固定式钢梯及平台安全要求 第3部分：工业防护栏杆及钢平台》（GB 4053.3—2009）第6.2.1条、第6.2.2条："6.2.1 平台地面到上方障碍物的垂直距离应不小于2 000mm。6.2.2 对于仅限单人偶尔使用的平台，上方障碍物的垂直距离可适当减少，但应不小于1 900mm"。

本条第1款3）参考《建筑施工高处作业安全技术规范》（JGJ 80—2016）第6.2.4

条"移动式操作平台移动时，操作平台上不得站人"。

本条第1款4）参考《建筑施工高处作业安全技术规范》（JGJ 80—2016）第6.2.3条"……制动器除在移动情况外，均应保持制动状态"。

本条第2款参考《建筑施工高处作业安全技术规范》（JGJ 80—2016）第6.1.5条"操作平台使用中应每月不少于1次定期检查，应由专人进行日常维护，及时消除安全隐患"。

5 临时工程

5.1 钢栈桥

5.1.1 一般规定

5.1.1.1 钢栈桥一般用于水上施工作业现场，主要是通过钢栈桥变海上施工为陆域施工，从根本上解决施工机具材料水上运输问题，同时钢栈桥受所属环境影响较大，钢栈桥在搭设及使用过程中存在较多安全风险，如船舶碰撞、坍塌、车辆伤害、高处坠落等。结合以上风险，在钢栈桥安全防护设施方面的对策如下：

钢栈桥在施工及使用期存在的船舶碰撞风险主要来自外来或自有船舶的碰撞，在办理正常的施工水域许可的同时，应设置独立式防撞墩，并在栈桥两侧采用设施警示灯、灯带等方式提醒过往船舶在航行过程中注意避让。

钢栈桥坍塌风险源主要包括未按施工方案施工、栈桥超载等原因，解决策略主要为加强施工过程管控，严格按照方案施工，在钢栈桥危险薄弱区域设置刚性围挡及安全警示标志，防止大荷载设备进入。

钢栈桥车辆伤害风险源主要包括车辆超速行驶、人员车辆多等，解决方案主要采用在栈桥设置限速装置、警示装置，限制车辆行驶速度，定期检查车辆车况，设置栈桥护轮坎及防撞设施等。

钢栈桥人员高处坠落风险源主要是临边防护缺失等。可按照规范要求设置必要的防护栏杆予以解决。

5.1.1.3 本条第 1 款依据《公路工程施工安全技术规范》（JTG F90—2015）第 4.3.4 条第 5 款"栈桥两侧和栈桥码头四周应设置高度不低于 1.2m 的防护栏杆……"。

本条第 2 款依据《公路工程施工安全技术规范》（JTG F90—2015）第 4.3.4 条第 6 款"栈桥行车道两侧宜设置护轮坎"。

本条第 3 款依据《公路安全保护条例》（国务院令第 593 号）第 23 条"公路桥梁跨越航道的，建设单位应当按照国家有关规定设置桥梁航标、桥柱标、桥梁水尺标，并按照国家标准、行业标准设置桥区水上航标和桥墩防撞装置"。

5.1.2 护轮坎

5.1.2.1 本条第2款参考《码头附属设施技术规范》（JTS 169—2017）第8.1.1条"护轮槛可采用连续式或非连续式，需要时亦可采用活动式。其断面形状可采用直角形、外坡形和内坡形，其边角应修圆"。

本条第3款依据《公路桥涵设计通用规范》（JTG D60—2015）第3.4.2条"路缘石高度可取用0.25～0.35m"和《码头附属设施技术规范》（JTS 169—2017）第8.1.4条"护轮槛高度可取150mm～300mm，底部宽度可取300mm～400mm"。

本条第4款参考《码头附属设施技术规范》（JTS 169—2017）第8.1.8条"护轮槛宜采用钢筋混凝土结构或钢结构，可通过计算确定"。

本条第5款参考《码头附属设施技术规范》（JTS 169—2017）第8.1.7条"护轮槛可采用钢板护角，断开端部可采用圆弧形钢板全包防护"。

5.1.3 独立式防撞墩

5.1.3.1 本条第2款参考《双壁钢围堰设计及施工技术规范》（DB50/T 960—2019）第12.5条b款"在围堰外应设置防撞设施，并设置航标警示灯、警示标志，预防没顶后船撞风险，保证行船及双壁钢围堰安全"。为防止洪水期超高水位导致防撞墩没顶，钢管桩桩顶应高于设计最高水位。

5.1.3.2 2 永临结合防撞墩应根据永久性防撞墩的要求选取设计荷载。具体计算方法可依据现行《公路桥梁抗撞设计规范》（JTG/T 3360-02）。

5.2 两区三厂

5.2.1 一般规定

5.2.1.1 两区三厂施工的特点在于高耸设备多、标准化程度高、人员较密集。根据近年公路工程施工安全事故分析，两区三厂施工典型事故包括门式起重机或其他高耸设备在大风作用下的坍塌、门式起重机脱轨坍塌、高耸设备检修或预制梁顶作业时发生的高处坠落、预应力张拉的物体打击等。根据两区三厂典型事故，在表3-1中选择了合适的安全防护设施及组合，并针对两区三厂施工的特点提出施工安全防护设施方面的对策如下：

两区三厂施工高耸设备风致坍塌事故的特有风险源包括台风或突风、高耸设备多、人员较密集等。在施工安全防护设施设置方面的风险对策包括对厂区内设施设备设置可靠的缆风绳。

两区三厂施工门式起重机风致坍塌的特有风险源包括同一轨道上布设多台起重机、

使用周期长、厂区物料和人员较多等，在施工安全防护设施设置方面的风险对策包括采用夹轨器、防风铁楔和缆风绳等起重机防风装置、轨道端头止挡等。

两区三厂施工高处坠落特有风险源一是高耸设备多，在施工安全防护设施设置方面的风险对策主要是规范化高耸设备设施的检修直梯；二是梁板预制作业需频繁上下梁板，考虑到厂区的硬化地面条件，在施工安全防护设施设置方面的风险对策主要是配置移动式钢斜梯。

两区三厂物体打击事故特有风险源是预制厂张拉施工作业多、人员经常在预应力锚头后方穿行，在施工安全防护设施设置方面的风险对策主要是配置移动式张拉防护挡板。

两区三厂触电事故特有风险源是设备种类及数量多、各类人员混杂，在施工安全防护设施设置方面的风险对策主要是对风险较高的设施、设备或区域设置围栏以分区管控，设置防晒防雨类防护棚等。

5.2.1.2 本条第1款依据《公路工程施工安全技术规范》（JTG F90—2015）第4.1.6条第3款"加工棚宜采用轻钢结构，并应采取防雨雪、防风等措施"、第4.1.7条第4款"拌和及起重设备应设置防倾覆和防雷设施"、第12.6.1条"在建工程、施工机械设备、临时设施、生活和办公用房应做防风加固……"。可用缆风绳固定的机械最高高度参考《龙门架及井架物料提升机安全技术规范》（JGJ 88—2010）第8.3.2条"当物料提升机安装高度大于或等于30m时，不得使用缆风绳"。

本条第2款参考《起重机械安全规程 第1部分：总则》（GB 6067.1—2010）表A.1安全防护装置在典型起重机械上的设置要求。

本条第3款参考《起重机械安全规程 第1部分：总则》（GB 6067.1—2010）第9.2.10条"在轨道上运行的起重机的运行机构、起重小车的运行机构及起重机的变幅机构等均应装设缓冲器或缓冲装置。缓冲器或缓冲装置可以安装在起重机上或轨道端部止挡装置上"。

本条第4款依据《公路工程施工安全技术规范》（JTG F90—2015）第5.3.5条"作业高度超过2m的钢筋骨架应设置脚手架或作业平台……"和《"两区三厂"建设安全标准化指南》第8.2.4条预制厂第1款"预制梁安设钢筋、模板及浇筑、养护混凝土等作业时，上下梁体应采用专用爬梯"。

本条第6款参考《20kV及以下变电所设计规范》（GB 50053—2013）第4.2.2条"露天或半露天变电所的变压器四周应设高度不低于1.8m的固定围栏或围墙"。

本条第7款依据《公路工程施工安全技术规范》（JTG F90—2015）第8.2.5条"后张法施工应符合下列规定：……2 梁端应设围护和挡板。……"。

本条第8款依据《公路工程施工安全技术规范》（JTG F90—2015）第12.5.3条"施工现场的易燃易爆物品应采取防晒措施"和第5.3.4条"钢筋对焊机应安装在室内或防雨棚内，并应设可靠的接地、接零装置"及第5.5.7条"电焊机应置于干燥、通风的位置，露天使用电焊机应设防雨、防潮装置，……"。

本条第9款依据《公路工程施工安全技术规范》(JTG F90—2015)第4.1.7条第4款"拌和及起重设备应设置防倾覆和防雷设施"。

5.2.2 缆风绳

5.2.2.1 本条第1款对缆风绳结构组成予以明确。

本条第2款参考《龙门架及井架物料提升机安全技术规范》(JGJ 88—2010)第8.3.1条第3款"缆风绳与水平面夹角宜在45°~60°之间"及《施工现场机械设备检查技术规范》(JGJ 160—2016)第7.9.7条第3款:"缆风绳与地面夹角不应大于60°。"

本条第3款中缆风绳安全系数依据《建筑施工脚手架安全技术统一标准》(GB 51210—2016)第3.2.4条第5款"缆风绳用的钢丝绳取 K_s =3.5"及《施工现场机械设备检查技术规范》(JGJ 160—2016)第7.9.7条第2款:"缆风绳安全系数应选用3.5,并应经计算确定,直径不应小于9.3mm。"

本条第3款、表5-1参考《钢丝绳夹》(GB/T 5976—2006)附录A及工程经验。

本条第5款参考《混凝土结构设计规范》(GB 50010—2010)第9.7.6条"吊环……锚入混凝土的深度不应小于30d并应焊接或绑扎在钢筋骨架上"。

本条第6款参考《钢丝绳夹》(GB/T 5976—2006)附录A.4"……绳夹在实际使用中,受载一、二次以后应做检查,在多数情况下,螺母需要进一步拧紧"。

本条第7款1)参考《混凝土结构设计规范》(GB 50010—2010)第4.1.2条,考虑地锚属承受重复荷载的钢筋混凝土构件,确定混凝土强度等级宜不低于C30。同时依据其第9.7.1条"受力预埋件的锚筋应采用HRB400或HPB300钢筋,不应采用冷加工钢筋"。

本条第7款2)参考《混凝土结构设计规范》(GB 50010—2010)第9.7.6条"吊环应采用HPB300钢筋或Q235B圆钢……"。

5.2.2.3 本条第1款参考《龙门架及井架物料提升机安全技术规范》(JGJ 88—2010)第8.3.1条第3款"缆风绳与水平面夹角宜在45°~60°之间,并应采用与缆风绳等强度的花篮螺栓与地锚连接"。

本条第3款中安装方式可参考现行《混凝土结构设计规范》(GB 50010)、《混凝土结构工程施工质量验收规范》(GB 50204)、《钢结构设计标准》(GB 50017)、《钢结构工程施工质量验收标准》(GB 50205)、《钢结构焊接规范》(GB 50661)、《紧固件机械性能 螺栓、螺钉和螺柱》(GB/T 3098.1)等有关规定。

5.2.2.4 本条第1款2)参考《钢丝绳夹》(GB/T 5976—2006)附录A.4"绳夹固定处的强度……绳夹在实际使用中,受载一、二次以后应作检查,在多数情况下,螺母需要进一步拧紧"及附录A.5"钢丝绳夹的紧固 紧固绳夹时须考虑每个绳夹的合理受力,离套环最远处的绳夹不得首先单独紧固。离套环最近处的绳夹(第一个绳夹)应尽可能地紧靠套环,但仍须保证绳夹的正确拧紧,不得损坏钢丝绳的外层钢丝"。

5.2.3 门式起重机抗风防滑装置

5.2.3.1 本条第1款参考《起重机械安全规程 第1部分：总则》（GB 6067.1—2010）第9.4.1.1~4条："9.4.1.1 室外工作的轨道式起重机应装设可靠的抗风防滑装置，并应满足规定的工作状态和非工作状态抗风防滑要求。

9.4.1.2 工作状态下的抗风制动装置可采用制动器、轮边制动器、夹轨器、顶轨器、压轨器、别轨器等，其制动与释放动作应考虑与运行机构联锁并应能从控制室内自动进行操作。

9.4.1.3 起重机只装设抗风制动装置而无锚定装置的，抗风制动装置应能承受起重机非工作状态下的风载荷；当工作状态下的抗风制动装置不能满足非工作状态下的抗风防滑要求时，还应装设牵缆式、插销式或其他形式的锚定装置。起重机有锚定装置时，锚定装置应能独立承受起重机非工作状态下的风载荷。

9.4.1.4 非工作状态下的抗风防滑设计，如果只采用制动器、轮边制动器、夹轨器、顶轨器、压轨器、别轨器等抗风制动装置，其制动与释放动作也应考虑与运行机构联锁，并应能从控制室内自动进行操作（手动控制防风装置除外）。"

5.2.3.2 本条第1款参考《起重设备安装工程施工及验收规范》（GB 50278—2010）第7.0.4 "通用门式起重机安装后，应立即装上夹轨器并进行试验。试验时，夹轨器应符合下列规定：1 夹轨器各节点应转动灵活，夹钳、连杆、弹簧、螺杆和闸瓦不应有裂纹和变形。2 夹轨器工作时，闸瓦应在轨道的两侧加紧，钳口的开度应符合随机技术文件的规定，张开时不应与轨道相碰"。

5.2.3.3 本条第1款参考《起重机械安全规程 第1部分：总则》（GB 6067.1—2010）第12.7.1条："维护人员的职责是维护起重机械以及对起重机械的安全使用和正常操作负责。他们应遵照制造商提供的维护手册并在安全工作制度下对起重机械进行所有必要的维护。"

本条第2款参考《起重机械安全规程 第1部分：总则》（GB 6067.1—2010）第18.1.2条n款 "18.1.2 日常检查 在每次换班或每个工作日的开始，对在用起重机械应按其类型针对下列适合的内容进行日常检查：……n） 检查防风锚定装置（固定时）的安全性以及起重机械运行轨道上有无障碍物；……"。

5.2.4 轨道端部止挡

5.2.4.1 本条第2款结合工地应用实际制定。

5.2.4.2 本条第2款依据《起重机设计规范》（GB/T 3811—2008）第4.2.3.2.1条 "作用在缓冲器的连接部件上或止挡件上的缓冲碰撞力 对于桥式、门式、臂架式起重机，以额定运行速度计算缓冲器的连接与固定部件上和止挡件上的缓冲碰撞力"并参考其第 6.3.5 条"缓冲器应按碰撞动能及最大碰撞力，并考虑缓冲行程来选用，允许的最大减速度为 $4m/s^2$"。工程中一般按照动量定理或动能定理求取缓冲碰撞力。

5.2.4.3 本条第 1 款参考《起重机设计规范》（GB/T 3811—2008）第 9.7.2.10 条缓冲器及端部止挡"轨道端部止挡装置应牢固可靠，防止起重机脱轨"和《起重设备安装工程施工及验收规范》（GB 50278—2010）第 3.0.14 条"轨道两端的车挡应在吊装起重机前安装好，同一跨端轨道上的车挡与起重机的缓冲器均应接触良好"。

5.2.4.3 本条第 2 款参考《起重机械安全规程 第 1 部分：总则》（GB 6067.1—2010）第 18.1.3 条 m 款"18.1.3 周检 正常情况下每周检查一次，或按制造商规定的检查周期和根据起重机械的实际使用工况制定检查周期进行检查。……m）对在轨道上运行的起重机，应检查轨道、端部止挡，如有锚固也需进行检查。检查除去轨道上异物的安全装置及其状况；……"。

5.2.5 围栏

5.2.5.1 本条第 2 款参考《建设工程施工现场供用电安全规范》（GB 50194—2014）第 5.0.4 条第 4 款"变压器或箱式变电站外廓与围栏或围墙周围应留有不小于 1m 的巡视或检修通道"。

本条第 4 款参考《建设工程施工现场供用电安全规范》（GB 50194—2014）第 5.0.4 条"露天或半露天布置的变压器应设置不低于 1.7m 高的固定围栏或围墙，并应在明显位置悬挂警示标识……"。

本条第 5 款参考《施工现场临时建筑物技术规范》（JGJ/T 188—2009）第 7.7.3 条"彩钢板围挡应符合下列规定：1 围挡的高度不宜超过 2.5m；2 当高度超过 1.5m 时，宜设置斜撑，斜撑与水平地面的夹角宜为 45°；3 立柱的间距不宜大于 3.6m；4 横梁与立柱之间应采用螺栓可靠连接；5 围挡应采取抗风措施"及第 9.4.3 条第 3 款"彩钢板与地面之间应保持 20mm～50mm 的间距"。

5.2.5.2 本条第 1 款参考《施工现场临时建筑物技术规范》（JGJ/T 188—2009）第 7.7.3 条第 4 款"横梁与立柱之间应采用螺栓可靠连接"及第 9.4.3 条第 2 款"彩钢板与横梁之间应采用铆钉或螺栓连接，间距不宜大于 200mm"。

本条第 2 款中安装方式可参考现行《混凝土结构设计规范》（GB 50010）、《混凝土结构工程施工质量验收规范》（GB 50204）、《钢结构设计标准》（GB 50017）、《钢结构工程施工质量验收标准》（GB 50205）、《钢结构焊接规范》（GB 50661）、《紧固件机械性能 螺栓、螺钉和螺柱》（GB/T 3098.1）等有关规定。

5.2.6 张拉防护挡板

5.2.6.1 本条第1款对张拉防护挡板结构组成予以明确。

本条第2~5款结合工地应用实际和厂家的定型产品调研制定。

本条第2款依据《铁路工程基本作业施工安全技术规程》（TB 10301—2020）第9.6.6条"张拉区两端应设置防护挡板，且应高出最上一组张拉钢筋0.5m，挡板应宽出张拉端两侧各不小于1m"。

本条第3款依据《公路工程施工安全技术规范》（JTG F90—2015）第8.2.5条第2款"梁端应设围护和挡板"。

本条第5款2）木质板主要考虑两块胶合板叠合使用。

5.3 跨线施工

5.3.1 一般规定

5.3.1.1 跨线施工包括现浇支架跨线施工、预制拼装跨线施工及挂篮跨线施工。跨线施工的特点在于上方桥梁施工的同时需要保持下方道路通车，施工作业与车辆通行上下交叉，车辆撞击支架或桥墩的风险高。根据近年公路工程施工安全事故分析，跨线施工典型事故包括车辆撞击下支架或桥墩的坍塌、我方施工人员的车辆伤害、对被跨线路车辆人员的物体打击等。根据跨线施工典型事故，在表3-1中选择了合适的安全防护设施及组合，并针对跨线施工的特点提出施工安全防护设施方面的特殊要求如下：

跨线施工车辆撞击事故的特有风险源是被跨线路的线形、交通安全设施、不良天气、车流量、大型车辆等，在施工安全防护设施设置方面的风险对策主要是设置限高架，合理的防撞墩、防撞桶。

我方施工人员的车辆伤害的特有风险源是交通管制区域的规划、被跨线路的车流量等，在施工安全防护设施设置方面的风险对策主要是设置合理的防撞墩、防撞桶。

对被跨线路车辆及人员的物体打击的特有风险源是施工作业与车辆通行上下交叉、小件物料容易坠落等，在施工安全防护设施设置方面的风险对策主要是设置全封闭挂篮作业平台、防物体打击类防护棚、安全平网。

5.3.1.2 本条第1~3款依据《公路工程施工安全技术规范》（JTG F90—2015）第8.1.1条"跨既有公路施工，通行区应搭设安全通道，安全通道应满足通行要求，施工作业面底部应悬挂安全网。安全通道应设防撞设施及限高、限宽、减速标志和设施，梁式桥的模板支架及其他设施宜在防撞栏等上部构造施工完成后拆除"。

本条第2款依据《建筑施工碗扣式钢管脚手架安全技术规范》（JGJ 166—2016）第6.3.15条"当模板支撑架设置门洞时（图6.3.15），应符合下列规定：……5 横梁下立杆应采用扩大基础，基础应满足防撞要求；……"。

本条第 3 款依据《公路工程施工安全技术规范》（JTG F90—2015）第 5.2.8 条"跨通行道路、通航水域的支架应根据道路、水域通行情况设置防撞设施"。

本条第 3 款参考《建筑施工高处作业安全技术规范》（JGJ 80—2016）第 7.1.2 条。"交叉作业时，坠落半径内应设置安全防护棚或安全防护网等安全隔离措施"。

本条第 4 款参考《公路交通安全设施设计规范》（JTG D81—2017）第 12.4.1 条"公路限高架设计应遵循下列原则：……2 根据交通运营管理的规定，需要限制通行车辆的高度时，可设置防撞或警示限高架"。

本条第 5 款参考《桥梁悬臂浇筑施工技术标准》（CJJ/T 281—2018）第 10.0.7 条"挂篮应设置防止人员坠落的栏杆和围挡，操作平台宜采用全封闭形式"。

本条第 6 款依据《公路工程施工安全技术规范》（JTG F90—2015）第 8.1.1 条"跨既有公路施工，通行区应搭设安全通道，安全通道应满足通行要求，施工作业面底部应悬挂安全网"。

5.3.1.3 本条主要考虑安全防护设施有效组合发挥更大作用，连接部位不能成为防护薄弱环节。

本条第 1 款依据《公路工程施工安全技术规范》（JTG F90—2015）8.1.1 条"……安全通道应设防撞设施及限高、限宽、减速标志和设施……"。

5.3.2 防物体打击类防护棚

5.3.2.2 本条第 2~3 款参考《建筑施工碗扣式钢管脚手架安全技术规范》（JGJ 166—2016）第 6.3.15 条"当模板支撑架设置门洞时（图 6.3.15），应符合下列规定：……5 横梁下立杆应采用扩大基础，基础应满足防撞要求；……7 门洞顶部应采用木板或其他硬质材料全封闭，两侧应设置防护栏杆和安全网；……"。

本条第 4 款参考《城市地下道路工程设计规范》（CJJ 221—2015）第 7.2.2 条"城市地下道路入口前应设置交通标志，并应符合下列规定：……4 针对限高有特殊要求的城市地下道路，入口前应连续设置 3 次限高警告，条件受限时，不应小于 2 次。各次警告之间应保持一段距离，并应能保证超高车辆及时分流，最后一次应为硬杆型的防撞门架，门架前应设置分流超高车辆的容错车道"。

5.3.3 防撞桶

5.3.3.1 本条第本条第 1 款依据《公路防撞桶》（GB/T 28650—2012）第 5.1 条"防撞桶的结构 防撞桶由桶盖、桶身、横隔板、配载物及逆反射材料（反光膜）组成"。

本条第 2~5 款依据《公路防撞桶》（GB/T 28650—2012）第 5.2.1 条、第 5.2.2 条："5.2.1 形状及外观要求 防撞桶桶身为圆柱形，外表颜色为黄色，为中空形式，桶盖与桶身可通过自身丝扣或自攻螺丝固定；防撞桶桶身可设计结构件加固；防撞桶应有泄气孔，下部可设置排泄口；防撞桶表面不应有裂纹及明显的凹痕和变形，不应有明显的划痕、损伤和颜色不均匀。防撞桶内部应设置横隔板，放置水、砂等配载物；横隔板的强度应能承受配载物的自重；防撞桶在空桶状态及加载配载物后均可成型正面放置，加装配载物竖直放置时，配载物不能有内部和外向泄露。5.2.2 尺寸 防撞桶的直径为900mm，高为950mm，壁厚不小于6mm，防撞桶外贴反光膜，反光膜单条宽度不小于50mm，连续长度不小于100mm，反光膜颜色和长度可根据实际情况调整，其外形尺寸允许偏差为+0.5%"。

本条第6款依据《公路防撞桶》（GB/T 28650—2012）5.3.1条"防撞桶桶盖、桶身、横隔板所用材料为聚乙烯、聚丙烯或其他类型合成树脂为原材料的塑料或硫化橡胶或热塑橡胶等；外贴反光膜等级为二级及以上；配载物所用砂为普通中砂，细度模数在3.0~2.3之间"。考虑到配载物可用水、砂等而不影响防护效果，不对配载物做要求。

5.3.3.3 本条第1款参考《公路防撞桶》（GB/T 28650—2012）第5.2.1条"……桶盖与桶身可通过自身丝扣或自攻螺丝固定；防撞桶桶身可设计结构件加固；……"。

本条第3款1）参考《公路防撞桶》（GB/T 28650—2012）第5.2.1条"……防撞桶表面不应有裂纹及明显的凹痕和变形，不应有明显的划痕、损伤和颜色不均匀"。

5.3.4 防撞墩

5.3.4.1 本条第2款防撞墙宽度参考《城市快速路设计规程》（CJJ 129—2009）第8.2.4条、第8.2.5条："高架快速路中央分隔带可采用50cm宽的防撞墩。高架快速路主线左、右侧路缘带宽度应采用0.50m，匝道左、右侧路缘带宽度应采用0.25m。高架快速路和匝道两侧的防撞栏杆宽度可采用0.50m。"及条文说明"8.2.4 单层式高架道路双向行驶时，必须设中央分隔带，并具有防撞功能。为减小高架道路的宽度，可采用0.5m宽的防撞墩。8.2.5 路侧防撞栏必须采用钢筋混凝土结构，且应有一定的承载力，防止车辆翻向地面，根据已使用的设计数值，其宽度可不大于0.5m，防撞栏的承载力还要考虑到在其上设置照明、交通标志杆件以及隔声墙"。防撞墙高度参考《公路防撞桶》（GB/T 28650—2012）第5.2.2条："防撞桶的……高为950mm。"

本条第3款参考《建筑施工碗扣式钢管脚手架安全技术规范》（JGJ 166—2016）第6.3.15条"当模板支撑架设置门洞时（图6.3.15），应符合下列规定：……5 横梁下立杆应采用扩大基础，基础应满足防撞要求；……"。

本条第5款参考《公路交通安全设施设计细则》（JTG/T D81—2017）第6.2.8条"混凝土护栏的混凝土强度等级、配筋量和基础设置应通过设计计算确定。高速公路、一级公路混凝土强度等级不应低于C30"。

5.3.5 全封闭吊篮

5.3.5.1 本条第2款参考《桥梁悬臂浇筑施工技术标准》（CJJ/T 281—2018）第4.7.7条"作业平台步行板宽度不应小于600mm……"和《固定式钢梯及平台安全要求 第3部分：工业防护栏杆及钢平台》（GB 4053.3—2009）第5.6.1条"……踢脚板宜采用不小于100mm×2mm 的钢板制造"。

本条第3款底部支撑型钢尺寸应结合前端预留的张拉作业空间、桥下净空、挂篮重量、挂篮结构形式综合考虑。

本条第4款依据《公路工程施工安全技术规范》（JTG F90—2015）第5.7.5条第2款"防护栏杆下方有人员及车辆通行或作业的，应挂密目式安全网封闭……"。根据《安全网》（GB 5725—2009）第3.4条定义，密目式安全立网网眼孔径不大于12mm。调研得到全封闭吊篮施工作业中使用的安全网孔径为5～15mm。结合工地应用实际，规定网孔尺寸。

本条第6款1）参考《固定式钢梯及平台安全要求 第3部分：工业防护栏杆及钢平台》（GB 4053.3—2009）第6.4.1条"平台地板宜采用不小于4mm厚的花纹钢板或经防滑处理的钢板铺装，相邻钢板不应搭接。相邻钢板上表面的高度差应不大于4mm"。本款结合工地应用实际和厂家的定型产品调研，规定钢板围挡厚度不宜小于2mm，梯间平台底板宜选用厚度不小于3mm花纹钢板或经防滑处理的普通钢板，或防滑木质板等其他等效结构材料。

本条第6款3）主要考虑安全网的结构性能良好、稳定、表面防腐、抗老化能力强，结合工地应用实际和定型产品调研，规定双层钢丝网和钢丝直径。

5.3.5.2 本条第2款参考《桥梁悬臂浇筑施工技术标准》（CJJ/T 281—2018）第4.2.2条、第4.2.3条关于挂篮的永久荷载及可变荷载类型的规定。

5.3.5.3 本条第1款中安装方式可参考现行《钢结构工程施工质量验收标准》（GB 50205）、《钢结构焊接规范》（GB 50661）、《紧固件机械性能 螺栓、螺钉和螺柱》（GB/T 3098.1）等有关规定。

5.3.6 限高架

5.3.6.1 本条第1款依据《公路交通安全设施设计规范》（JTG D81—2017）第12.4.2条条文说明"本规范中，限高架分为警示限高架和防撞限高架两类"。

本条第2款依据《公路交通安全设施设计规范》（JTG D81—2017）第12.4.2条条文说明及表12-2"……重要结构物前可先设置警示限高架，然后再设置防撞限高架。参照德国关于制动距离的计算理论及数值，建议警示限高架与上跨桥梁或隧道的距离满足表12-2的规定"。

本条第 3 款依据《公路交通安全设施设计规范》（JTG D81—2017）第 12.4.2 条条文说明"……警示限高架利用悬挂的水平横杆等对车辆不造成损坏的柔性结构警示车辆高度超出了限高标志允许的高度，车辆仍然可以通过；防撞限高架则要具备足够的强度，避免车辆撞击公路结构物。……"及第 12.4.1 条"公路限高架设计应遵循下列原则：……4 限高架可根据需要设计为高度可调节的结构"。

本条第 4 款依据《公路交通安全设施设计规范》（JTG D81—2017）第 12.4.1 条 "……3 限高架应与限高标志配合使用，限高架下缘距离路面高度不得小于限高标志限定的高度值"。

本条第 6 款依据《公路交通安全设施设计细则》（JTG/T D81—2017）第 12.4.1 条第 4 款"限高架应设置黄黑相间的立面标记，立面标记宜采用反光膜"。

5.3.6.2 本条第 2 款依据《公路交通安全设施设计细则》（JTG/T D81—2017）第 3.5.4 条第 3 款"防撞限高架的汽车碰撞荷载可按式（3.5.4）计算，作用方向与行车方向一致，作用点位于横梁几何中心"。

本条第 4 款参考《公路交通安全设施设计细则》（JTG/T D81—2017）第 12.4.1 条第 7 款"超高车辆碰撞限高架时，限高架构件及其脱离件不得侵入车辆乘员舱，不得对其他正常行驶车辆造成伤害"。

5.3.6.3 本条第 1 款中安装方式可参考现行《混凝土结构设计规范》（GB 50010）、《混凝土结构工程施工质量验收规范》（GB 50204）、《钢结构设计标准》（GB 50017）、《钢结构工程施工质量验收标准》（GB 50205）、《钢结构焊接规范》（GB 50661）、《紧固件机械性能 螺栓、螺钉和螺柱》（GB/T 3098.1）等有关规定。

5.3.6.4 本条第 1 款、第 2 款参考《公路交通安全设施设计规范》（JTG D81—2017）第 12.4.1 条"……3 限高架应与限高标志配合使用，限高架下缘距离路面高度不得小于限高标志限定的高度值"。

6 桥梁工程

6.1 钻（挖）孔灌注桩

6.1.1 一般规定

6.1.1.1 人工挖孔桩施工是桥梁工程风险最高的作业工序之一，井下作业条件差、环境恶劣、劳动强度大，安全隐患往往较大。根据近年公路工程施工安全事故分析，人工挖孔桩典型事故包括高处坠落、坍塌、中毒、物体打击及触电等。根据人工挖孔桩施工典型的高处坠落事故，在表3-1中选择了合适的安全防护设施及组合，并针对人工挖孔桩施工的风险特点提出施工安全防护设施方面的对策如下：

人工挖孔桩高处坠落事故包括地面作业人员或过往人员不慎坠入桩孔中、孔内作业人员在上下孔过程中坠落孔底两种形式；特有风险源包括地面上难以发现孔洞、作业空间狭窄等。在施工安全防护设施设置方面的风险对策包括合理设置防护栏杆、钢直梯、防护盖板等。

钻孔灌注桩施工主要关注高处坠落事故，主要指地面作业人员或过往人员不慎坠入桩孔中；特有风险源包括地面上难以发现孔洞等。在施工安全防护设施设置方面的风险对策包括合理设置防护栏杆、防护盖板等。

6.1.1.2 本条第1款依据《公路工程施工安全技术规范》（JTG F90—2015）第6.5.3条第1款"人工挖孔作业时，应持续通风，现场应至少备用1套通风设备"。

本条第2款依据《公路工程施工安全技术规范》（JTG F90—2015）第6.5.3条第1款"现场应配备气体浓度检测仪器，进入桩孔前应先通风15min以上，并经检查确认孔内空气符合现行《环境空气质量标准》（GB 3095）规定的三级标准浓度限值"。

本条第3款依据《公路工程施工安全技术规范》（JTG F90—2015）第6.5.3条第5款"孔内作业人员应戴安全帽、系安全带、穿防滑鞋，安全绳应系在孔口。作业人员应通过带护笼的直梯进出，人员上下不得携带工具和材料。作业人员不得利用卷扬机上下桩孔"，参考《建筑桩基技术规范》（JGJ 94—2008）第6.6.7条"人工挖孔桩施工应采取下列安全措施：1 孔内必须设置应急软爬梯供人员上下"，根据现场实际情况，建议使用软爬梯作为上下通道。

本条第4、5款依据《公路工程施工安全技术规范》（JTG F90—2015）第8.1.2条

"泥浆池、沉淀池周围应设置防护栏杆和警示标志",同时依据第8.3.1条第4款"停止施工的钻、挖孔桩,孔口应加盖防护,四周应设置护栏及明显的警示标志,夜间应悬挂示警红灯"。

6.1.2 防护盖板

6.1.2.1 本条第2款主要参考《建筑桩基技术规范》(JGJ 94—2008)第6.6.6条"人工挖孔桩混凝土护壁的厚度不应小于100mm"。

本条第3款主要考虑防坠人坠物的需求,参考《公路工程施工安全技术规范》(JTG F90—2015)第5.7.28条"脚手架的脚手板应满铺、固定,离结构物立面的距离不得大于0.15m",为防止人员坠落,规定钢筋网片防护盖板的网格间距不大于150mm。

6.1.2.2 本条第2款中1kN为荷载标准值,要求依据防护目的选择合适的动力系数。

6.1.2.3 本条参考《建筑施工高处作业安全技术规范》(JGJ 80—2016)第4.2.1条"盖板四周搁置应均衡,且应防止盖板移位"。

6.1.2.4 本条第1款参考《建筑施工高处作业安全技术规范》(JGJ 80—2016)第6.1.4条"应在操作平台明显位置设置标明允许负载值的限载牌及限定允许的作业人数,物料应及时转运,不得超重、超高堆放"。

6.1.3 防护栏杆

6.1.3.1 本条依据《公路工程施工安全技术规范》(JTG F90—2015)第8.3.1条第4款"停止施工的钻、挖孔桩,孔口应加盖防护,四周应设置护栏及明显的警示标志,夜间应悬挂示警红灯"。

6.2 基坑施工

6.2.1 一般规定

6.2.1.1 基坑施工的特点在于作业面广、施工人员多,常造成防护不及时或不稳固、人员上下无安全通道的安全隐患。根据近年公路工程施工安全事故分析,基坑施工典型事故包括坍塌、高处坠落、物体打击、机械伤害等。根据基坑施工典型的高处坠落、物体打击事故,在表3-1中选择了合适的安全防护设施及组合,并针对基坑施工的风险特点提出施工安全防护设施方面的对策如下:

基坑施工高处坠落事故包括地面作业人员或过往人员不慎坠入基坑中、作业人员在上下过程中坠落基坑两种形式；特有风险源包括场地不平整、缺失上下通道等。在施工安全防护设施设置方面的风险对策包括合理设置防护栏杆、钢斜梯、落地式作业平台等。

基坑施工物体打击事故的特有风险源主要是基坑外堆放的土方、机具、物料等。在施工安全防护设施设置方面的风险对策包括设置合理的安全网孔尺寸、挡脚板等。

6.2.1.2 本条第 1 款依据《公路工程施工安全技术规范》（JTG F90—2015）第 3.0.14 条"施工现场出入口、沿线各交叉口、施工起重机械、临时用电设施以及脚手架等临时设施、民爆物品和易燃易爆危险品库房、孔洞口、基坑边沿、桥梁边沿、码头边沿、隧道洞口和洞内等危险部位应设置明显的安全警示标志和必要的安全防护设施。"

本条第 2 款参考《建筑深基坑工程施工安全技术规范》（JGJ 311—2013）第 11.2.6 条"基坑内应设置作业人员上下坡道或爬梯，数量不应少于 2 个"及条文说明"为了保证作业人员安全，应设置必要的紧急逃生通道，一般基坑单侧侧壁宜设置不少于 1 个人员上下坡道或爬梯，设置间隔不宜超过 50m，且不得少于 2 个，不应在侧壁上掏坑攀登，设置的坡道或爬梯不应影响或破坏基坑支护系统安全"。

6.2.2 防护栏杆

6.2.2.1 本条第 3 款依据《公路工程施工安全技术规范》（JTG F90—2015）第 8.8.4 条第 11 款"深基坑四周距基坑边缘不小于 1m 处应设立钢管护栏、挂密目式安全网，靠近道路侧应设置安全警示标志和夜间警示灯带"。

6.3 围堰

6.3.1 一般规定

6.3.1.1 围堰施工的特点在于工序转换复杂、专业性强、施工环境动态变化，经常受到潮汐、台风、洪水、冰凌影响，且多涉及高处作业、水上作业、动火作业。根据近年公路工程施工安全事故分析，围堰施工典型事故包括高处坠落、淹溺及船舶撞击。根据围堰施工典型的高处坠落、淹溺及船舶撞击事故，在表 3-1 中选择了合适的安全防护设施及组合，并针对围堰施工的风险特点提出施工安全防护设施方面的对策如下：

围堰施工高处坠落事故特有风险源包括悬空高处作业多、安全通道狭窄、人员行走不便、临边防护不到位等。在施工安全防护设施设置方面的风险对策包括合理设计施工作业平台空间、规范平台之间的通道以减少悬空高处作业，增设安全通道以方便人员行走，设置合适的防护栏杆等。

围堰施工淹溺事故特有风险源包括：洪水、台风、风暴潮等极端情况，围堰与施工平台或船舶之间上下不便，围堰止水、封底失效，浮运及下沉过程中受到船舶或漂浮物碰撞等。在施工安全防护设施设置方面的风险对策包括设置可靠的防护栏杆、临水通道及作业平台，设置救生圈等水上救生设施等。

围堰施工船舶碰撞事故分为围堰浮运、下沉、接高、封底、承台施工等过程中受到船舶碰撞和承台施工完成后受到船舶碰撞，事故特有风险源包括未对施工水域内船舶进行有效管控、围堰外围未单独设置防撞设施。在施工安全防护设施设置方面的风险对策包括在施工水域设置助航设施、警示标志，配备警戒船和应急拖轮，设置独立式防撞墩等。

6.3.1.2 本条第 1 款依据《公路工程施工安全技术规范》（JTG F90—2015）第 5.7.5 条"高处作业场所临边应设置安全防护栏杆"。

本条第 2 款依据《公路工程施工安全技术规范》（JTG F90—2015）第 5.7.10 条"高处作业上下通道应根据现场情况选用钢斜梯、钢直梯、人行塔梯，各类梯子安装应牢固可靠"，同时参考第 5.7.13 条"高架桥等大型构件作业场所上下通道宜采用人行塔梯"。围堰施工过程中的安全通道有多种类型，人员一般先从施工平台或船舶通过移动式钢斜梯到达围堰顶部，再从围堰顶部通过钢斜梯、钢直梯或人行塔梯到达围堰内作业。双壁钢围堰结构形式特殊，人员需在围堰顶部进行隔舱注水等作业，因此必须设置水平通道。

本条第 3 款建议根据施工工艺选择适用的作业平台。当围堰在工厂内整体加工制造时，通过搭设落地式作业平台进行围堰接高、焊接、涂装等作业，当围堰采用现场接高时，由于水上作业空间受限，同时参考《双壁钢围堰设计及施工技术规范》（DB50/T 960—2019）第 10.4.5 条"双壁钢围堰接高应符合以下要求：c）为方便围焊内壁，可预先在内壁上焊接设置悬挑作业平台，也可在双壁钢围堰内圈用两个浮箱拼接内壁施焊工作平台"。一般通过搭设悬挑式作业平台进行上述作业。

本条第 4 款参考《钢围堰工程技术标准》（GB/T 51295—2018）第 5.1.7 条"当施工水域水流速度较大、航运条件复杂、易受船舶和漂浮物撞击时，应单独设置防撞设施、导航标志和警示装置"。参考《双壁钢围堰设计及施工技术规范》（DB50/T 960—2019）第 5.3.17 条"双壁钢围堰处于通航区域时，围堰安装及拆除应划出安全水域范围，并设置警戒标志，派专人看守；水上施工区域应设置航标灯、夜间警示灯等助航设施，防止发生船撞事故"。设施类型选择参考《公路桥梁抗撞设计规范》（JTG/T 3360-02—2020）第 3.5.1 条"桥梁防撞设施可采用主动防撞设施、结构性防船撞设施，或两者的组合"及其条文说明"主动防撞设施一般包括助航设施、警示标志、安全监控预警设施等。安全监控预警设施是船撞桥风险控制体系的组成部分，其功能包括船撞事故的监测、事故危害识别、信息发布等，目的是尽量减少船撞事故的损失，并可及时启动船撞桥梁事故应急预案。结构性防船撞设施属于被动防撞设施，分为独立式、一体式和附着式防船撞设施，如防撞墩、沙岛、防撞套箱等，以减小或避免船撞对桥梁的损伤"。将围堰施工阶段防船撞设施分为主动防撞设施和被动防撞设施，主动防撞设施包含助航设施、警示标志（施工阶段不考虑使用安全监控预警设施），被动防撞设施考虑围堰施工阶段处于不稳定状态，自身不具备防撞能力，因此以独立式防撞墩为主，即通过在围堰迎船面设置钢管桩群，代替围堰防撞，防撞墩外可增设起到缓冲作用的橡胶护舷或复合材料消能装置（分为固定式和浮式）。

6.3.1.3 本条第1款参考《钢围堰工程技术标准》（GB/T 51295—2018）第5.1.6条"钢围堰就位后，应设置安全可靠的扶梯及栏杆、逃生通道和安全警示标志，并应配备消防和救生器材"。

本条第4款参考《电梯制造与安装安全规范》（GB 7588—2003）第11.2.2条"轿厢地坎与层门地坎的水平距离不得大于35mm"，《电梯技术条件》（GB/T 10058—2009）第3.3.7条"电梯轿厢的平层准确度宜在±10mm范围内。平层保持精度宜在±20mm范围内"。

6.3.1.4 本条第1款，安全防护设施组合安装后不应从接头部位破坏。

本条第2款参考《建筑施工高处作业安全技术规范》（JGJ 80—2016）第4.3.3条第1款"当采用钢管作为防护栏杆杆件时，横杆及栏杆立杆应采用脚手钢管，并应采用扣件、焊接、定型套管等方式进行连接固定"。最大空隙主要考虑避免失足坠落，参考《公路工程施工安全技术规范》（JTG F90—2015）第5.7.28条"脚手架的脚手板应满铺、固定，离结构物立面的距离不得大于0.15m"。

6.3.2 防护栏杆

6.3.2.1 本条规定防护栏杆高度宜按照1.2m设置，考虑到围堰防护栏杆一般与救生器材组合，过高的防护栏杆将影响救生器材的抛掷。

6.3.3 钢斜梯

6.3.3.1 本条第1款考虑围堰施工为水上作业的特点，钢斜梯无法采用落地式撑脚，因此必须在壁体上焊接悬挑式支撑架。

本条第2款参考《建筑深基坑工程施工安全技术规范》（JGJ 311—2013）第11.2.6条"基坑内应设置作业人员上下坡道或爬梯，数量不应少于2个"。

6.3.4 移动式钢斜梯

6.3.4.1 本条参考《双壁钢围堰设计及施工技术规范》（DB50/T 960—2019）第10.7.4条"双壁钢围堰应设置专门的人行通道，与围堰结构连接牢固，并设置防护栏杆和安全网。人行通道下口不得与浮式平台固结连接",第10.7.5条"浮式平台不得与双壁钢围堰形成刚性连接,采用柔性连接时,应随水位涨落调整连接,并充分考虑对围堰的附加作用力的影响",明确围堰上下通道的安装形式,围堰上下通道连接围堰与固定式平台或浮式平台,在施工期间两者位置受水位变化的影响,始终处于相对变化的状态,因此必须设置铰接和可相对滑动的形式保证围堰外上下通道安全。

6.3.5 双壁钢围堰顶部水平通道

6.3.5.1 本条第2款参考《双壁钢围堰设计及施工技术规范》(DB50/T 960—2019)第10.7.10条"双壁钢围堰中的作业平台必须满铺,规范设置安全防护栏、安全网、踢脚板,并配置救生设施和消防器材。双壁钢围堰四周应设置人员上下安全通道;通道口、护筒口必须加盖防护"。

6.3.6 围堰施工作业平台

6.3.6.2 本条第3款依据《公路工程施工安全技术规范》(JTG F90—2015)第8.7.4条"钢围堰接高和下沉过程中,应采取保持围堰稳定的措施。悬浮状态不得接高作业"。

6.3.7 防船撞设施

6.3.7.1 本条第2款根据船舶航行助航设施的分类,主要规定航标设置的要求,在满足航道调整方案的同时,应满足《中国海区水上助航标志》(GB 4696—2016)、《内河助航标志》(GB 5863—1993)、《内河助航标志的主要外形尺寸》(GB 5864—1993)的要求,其他助航设施应符合相关行业规定。

本条第3款说明围堰警示标志的布置方式,保证夜间及雨雾天气时,能清晰展现围堰结构的轮廓,起到警示作用。

本条第5款建议采用防撞护舷作为永久结构围堰的防撞设施。当围堰作为桥梁永久防撞结构体系的一部分时,设计阶段一般会增设防撞护舷用于缓冲消能,施工阶段当围堰内承台施工完成后,防撞护舷可作为围堰防撞结构的一部分。

6.4 墩柱

6.4.1 一般规定

6.4.1.1 墩柱施工的特点在于作业人员长期暴露在高空作业环境下,作业环境变化快,工序循环往复,上下交叉作业多,作业平台搭建困难。根据近年公路工程施工安全事故分析，墩柱施工典型事故包括爆模、风致坍塌、高处坠落、物体打击等。根据墩柱施工典型的风致坍塌、高处坠落、物体打击事故，在表3-1中选择了合适的安全防护设施及组合，并针对墩柱施工的风险特点提出施工安全防护设施方面的对策如下：

墩柱施工风致坍塌事故的特有风险源包括突风、模板高耸、作业位置和内容不断变化等。在施工安全防护设施设置方面的风险对策主要包括设置可靠的缆风绳。

墩柱施工高处坠落事故的特有风险源包括悬空高处作业多、施工作业平台狭窄、人员行走不便、作业位置和内容不断变化等。在施工安全防护设施设置方面的风险对策包括及时安装人行塔梯、合理设计施工作业平台空间、规范平台之间的水平通道以减少悬空高处作业，设置合适的防护栏杆等。

墩柱施工物体打击事故的特有风险源包括突风、作业平台小件物料工具、碎片杂物等。在施工安全防护设施设置方面的风险对策包括设置合理的安全网孔尺寸、挡脚板等。

6.4.1.2 本条第1款依据《公路工程施工安全技术规范》（JTG F90—2015）第5.7.10条"高处作业上下通道应根据现场情况选用钢斜梯、钢直梯、人行塔梯，各类梯子安装应牢固可靠"，参考其第5.7.13条"高架桥等大型构件作业场所上下通道宜采用人行塔梯"，同时依据《公路桥涵施工技术规范》（JTG/T 3650—2020）第15.2.3条"对高度大于或等于40m的高墩……3 宜设置施工电梯作为运送作业人员和小型机具、操作工具的垂直运输设施"。

本条第2款依据《公路工程施工安全技术规范》（JTG F90—2015）第5.2.13条第5款"基准面以上2m安装模板应搭设脚手架或施工平台"，参考《建筑施工高处作业安全技术规范》（JGJ 80—2016）第5.2.7条第2款"悬挑的混凝土梁、檐、外墙和边柱等结构施工时，应搭设脚手架或操作平台，并应设置防护栏杆，采用密目式安全立网封闭"。

本条第3款参考《混凝土结构工程施工规范》（GB 50666—2011）第10.4.10条"台风来临前，应对尚未浇筑混凝土的模板及支架采取临时加固措施；台风结束后，应检查模板及支架，已验收合格的模板及支架应重新办理验收手续"及条文说明"临时加固措施包括将支架或模板与已浇筑并有一定强度的竖向构件进行拉结，增加缆风绳、抛撑、剪刀撑等"，同时参考《建筑施工脚手架安全技术统一标准》（GB 51210—2016）第9.0.5条第2款"当作业脚手架操作层高出相邻连墙件2个步距及以上时，在上层连墙件安装完毕前，必须采取临时拉结措施"。

本条第4款包括水平的施工平台之间，施工平台与梯间平台之间的连接。

6.4.1.3 本条主要考虑安全防护设施宜有效组合发挥更大作用，连接部位不能成为防护薄弱环节。

本条第3款参考《建筑施工高处作业安全技术规范》（JGJ 80—2016）第4.2.1条第2、3款"2 当非竖向洞口短边边长为25~500mm时，应采用承载力满足使用要求的盖板覆盖，盖板四周搁置应均衡，且应防止盖板移位；3 当非竖向洞口短边边长为500～1 500mm时，应采用盖板覆盖或防护栏杆等措施，并应固定牢固"，同时依据《公路工程施工安全技术规范》（JTG F90—2015）第5.7.16条第6款"人行塔梯通往作业面通道的两侧宜用钢丝网封闭"。

6.4.1.4 本条第1款，安全防护设施组合安装后不应从接头部位破坏。

本条第2款参考《建筑施工高处作业安全技术规范》（JGJ 80—2016）第4.3.3条第1款"当采用钢管作为防护栏杆杆件时，横杆及栏杆立杆应采用脚手钢管，并应采用扣件、焊接、定型套管等方式进行连接固定"，最大空隙参考《公路工程施工安全技术规范》（JTG F90—2015）第5.7.28条"脚手架的脚手板应满铺、固定，离结构物立面的距离不得大于0.15m"。

6.4.2 人行塔梯

6.4.2.1 本条依据《公路桥涵施工技术规范》（JTG/T 3650—2020）第15.2.2条第7款"作业人员的上下步梯宜采用钢管脚手架或专用产品搭设，并应进行专项设计，设置时应固定在已浇筑完成的墩身上"。

6.4.3 墩柱施工悬挑式作业平台

6.4.3.1 本条第2款参考《公路工程施工安全技术规范》（JTG F90—2015）第8.9.4条"高墩翻模施工应符合下列规定：3 每层模板均应设工作平台，安全防护设施应符合本规范第5.7节的有关规定"，参考《固定式钢梯及平台安全要求 第3部分：工业防护栏杆及钢平台》（GB 4053.3—2009）第6.2.1条"平台地面到上方障碍物的垂直距离应不小于2 000mm"。

本条第3款参考《公路桥涵施工技术规范》（JTG/T 3650—2020）第17.5.1条第4款"挂篮支承平台应有足够的平面尺寸，应能满足梁段的现场作业需要"，同时参考《桥梁悬臂浇筑施工技术标准》（CJJ/T 281—2018）第4.7.7条"作业平台步行板宽度不应小于600mm"。

本条第4款结合工地应用实际，对悬挑式墩柱施工作业平台支撑体系做了规定。

本条第5款参考《公路工程施工安全技术规范》（JTG F90—2015）第8.9.4条第3款"每层模板均应设工作平台，安全防护设施应符合本规范第5.7节的有关规定"，第5.7.5条第3款"防护栏杆应由上、下两道横杆组成，上杆离地高度应为1.2m"，第8.13.1条第4款"索塔、横梁等悬空作业，应形成绕索塔塔身封闭的高空作业系统，每层施工面应设置安全立网和平网，立网高度不得小于1.5m"，综合考虑经济性与安全性，作此建议。

6.4.4 墩柱施工落地式作业平台

6.4.4.1 本条第1款结合工地应用实际调研，考虑钢筋笼安装、模板安装、模板拆除等作业的需求，对平台内侧与墩柱外模距离做了规定。

本条第2款参考《桥梁悬臂浇筑施工技术标准》（CJJ/T 281—2018）第4.7.7条"作业平台步行板宽度不应小于600mm"。

6.4.5 施工电梯

6.4.5.1 本条第1款依据《公路桥涵施工技术规范》（JTG/T 3650—2020）第15.2.3条"对高度大于或等于40m的高墩……3 对塔吊和施工电梯的平面位置宜根据环境条件和桥墩的结构特点进行比较选择，其布置除应方便施工操作外，亦不应影响到其他作业的安全"。

6.4.5.2 本条第1款依据《公路桥涵施工技术规范》（JTG/T 3650—2020）第15.2.3条"对高度大于或等于40m的高墩……3 ……塔吊和施工电梯均应有可靠的附墙安全措施"。

本条第2款依据《公路桥涵施工技术规范》（JTG/T 3650—2020）第15.2.3条"对高度大于或等于40m的高墩……7 混凝土的垂直输送宜采用泵送方式，泵管可沿已施工完成的墩身或搭设专用支架进行布设，而不应布设在塔吊和施工电梯上"。

6.4.5.3 本条第1款参考《特种设备安全监察条例》（国务院令第549号）第31条"电梯的日常维护保养必须由依照本条例取得许可的安装、改造、维修单位或者电梯制造单位进行。……电梯应当至少每15日进行一次清洁、润滑、调整和检查"。

6.5 支架

6.5.1 一般规定

6.5.1.1 支架施工的特点在于量大面广、作业人员多、作业队伍水平参差不齐、工艺较复杂、受降雨等环境因素影响大等。根据近年公路工程施工安全事故分析，支架施工典型事故包括坍塌、高处坠落、物体打击等。根据支架施工典型的风致坍塌、高处坠落、物体打击事故，在表3-1中选择了合适的安全防护设施及组合，并针对支架施工的风险特点提出施工安全防护设施方面的对策如下：

支架施工风致坍塌事故的特有风险源包括突风、高处作业、杆件易失稳等。在施工安全防护设施设置方面的风险对策主要包括设置可靠的缆风绳。

支架施工高处坠落事故的特有风险源包括施工作业平台倾斜、人员行走不便、悬空作业多、作业队伍水平参差不齐等。在施工安全防护设施设置方面的风险对策包括及时安装人行塔梯和钢直梯、设置高处作业水平通道以减少悬空高处作业、设置合适的防护栏杆等。

支架施工物体打击事故的特有风险源包括突风、作业平台小件物料工具、碎片杂物等。在施工安全防护设施设置方面的风险对策包括设置合理的安全网孔尺寸、挡脚板等。

6.5.1.2 本条第1款依据《公路工程施工安全技术规范》（JTG F90—2015）第5.7.10条"高处作业上下通道应根据现场情况选用钢斜梯、钢直梯、人行塔梯，各类梯子安装应牢固可靠"，第8.9.2条第2款"墩身超过40m宜设施工电梯"，同时参考第5.7.13条"高架桥等大型构件作业场所上下通道宜采用人行塔梯"。

本条第2款包括水平的施工平台之间，施工平台与梯间平台之间的连接。

本条第3款依据《公路工程施工安全技术规范》（JTG F90—2015）第5.7.5条"高处作业场所临边应设置安全防护栏杆……3 防护栏杆应由上、下两道横杆组成，上杆离地高度应为1.2m"，第8.13.1条第4款"索塔、横梁等悬空作业，应形成绕索塔塔身封闭的高空作业系统，每层施工面应设置安全立网和平网，立网高度不得小于1.5m"，综合考虑经济性与安全性，作此建议。

本条第4款依据《公路桥涵施工技术规范》（JTG/T 3650—2020）第5.4.2条"支架的安装应符合下列规定：2 高支架应设置足够的斜向连接、扣件或缆风绳，横向稳定应有保证措施"，同时参考《混凝土结构工程施工规范》（GB 50666—2011）第4.3.10条"支架的高宽比不宜大于3；当高宽比大于3时，应加强整体稳固性措施"及条文说明"整体稳固性措施包括支架体内加强竖向和水平剪刀撑的设置；支架体外设置抛撑、型钢桁架撑、缆风绳等"。

本条第5款参考《建筑施工安全检查标准》（JGJ 59—2011）第3.3.4条第3款"作业层脚手板下应采用安全平网兜底，以下每隔10m应采用安全平网封闭"。

6.5.1.3 本条第1款，安全防护设施宜有效组合以发挥更大作用，连接部位不能成为防护薄弱环节。

本条第3款参考《建筑施工高处作业安全技术规范》（JGJ 80—2016）第4.2.1条第2、3款"2 当非竖向洞口短边边长为25～500mm时，应采用承载力满足使用要求的盖板覆盖，盖板四周搁置应均衡，且应防止盖板移位；3 当非竖向洞口短边边长为500～1500mm时，应采用盖板覆盖或防护栏杆等措施，并应固定牢固"。

6.5.1.4 本条第1款，安全防护设施组合安装后不应从接头部位破坏。

本条第2款参考《建筑施工高处作业安全技术规范》（JGJ 80—2016）第4.3.3条第1款"当采用钢管作为防护栏杆杆件时，横杆及栏杆立杆应采用脚手钢管，并应采用扣件、焊接、定型套管等方式进行连接固定"。最大空隙主要考虑避免失足坠落，参考《公路工程施工安全技术规范》(JTG F90—2015) 第 5.7.28 条 "脚手架的脚手板应满铺、固定，离结构物立面的距离不得大于 0.15m"。

6.6 盖梁

6.6.1 一般规定

6.6.1.1 盖梁施工的特点在于作业空间小，作业时间短，作业平台搭建困难。根据近年公路工程施工安全事故分析，盖梁施工典型事故包括坍塌、高处坠落、物体打击等。根据盖梁施工典型的高处坠落、物体打击事故，在表 3-1 中选择了合适的安全防护设施及组合，并针对盖梁施工的风险特点提出施工安全防护设施方面的对策如下：

盖梁施工高处坠落事故的特有风险源包括悬空高处作业多、作业时间短、施工作业平台狭窄、人员行走不便、作业位置和内容不断变化等。在施工安全防护设施设置方面的风险对策包括及时安装上下通道、合理设计施工作业平台空间、规范平台之间的通道以减少悬空高处作业，设置合适的防护栏杆和防坠网等。

盖梁施工物体打击事故的特有风险源包括突风、作业平台小件物料工具等。在施工安全防护设施设置方面的风险对策包括设置合理的安全网孔尺寸、挡脚板等。

6.6.1.2 本条第 1 款依据《公路工程施工安全技术规范》(JTG F90—2015) 第 5.7.10 条 "高处作业上下通道应根据现场情况选用钢斜梯、钢直梯、人行塔梯，各类梯子安装应牢固可靠"，参考第 8.9.2 条第 2 款 "墩身超过 40m 宜设施工电梯"，同时参考第 5.7.13 条 "高架桥等大型构件作业场所上下通道宜采用人行塔梯"。

本条第 2 款包括水平的施工平台之间，施工平台与梯间平台之间的连接。

本条第 3 款参考《建筑施工高处作业安全技术规范》(JGJ 80—2016) 第 5.2.7 条第 2 款 "悬挑的混凝土梁、檐、外墙和边柱等结构施工时，应搭设脚手架或操作平台"。

6.6.1.3 本条第 1 款，安全防护设施宜有效组合以发挥更大作用，连接部位不能成为防护薄弱环节。

本条第 3 款参考《电梯制造与安装安全规范》(GB 7588—2003) 第 11.2.2 条 "轿厢地坎与层门地坎的水平距离不得大于 35mm"。

本条第 4 款参考《建筑施工高处作业安全技术规范》(JGJ 80—2016) 第 4.2.1 条第 2、3 款 "2 当非竖向洞口短边边长为 25~500mm 时，应采用承载力满足使用要求的盖板覆盖，盖板四周搁置应均衡，且应防止盖板移位；3 当非竖向洞口短边边长为 500~1 500mm 时，应采用盖板覆盖或防护栏杆等措施，并应固定牢固"，同时依据《公路工程施工安全技术规范》(JTG F90—2015) 第 5.7.16 条第 6 款 "人行塔梯通往作业面通道的两侧宜用钢丝网封闭"。

6.6.1.4 本条第1款，安全防护设施组合安装后不应从接头部位破坏。

本条第2款参考《建筑施工高处作业安全技术规范》（JGJ 80—2016）第4.3.3条第1款"当采用钢管作为防护栏杆杆件时，横杆及栏杆立杆应采用脚手钢管，并应采用扣件、焊接、定型套管等方式进行连接固定"。最大空隙主要考虑避免失足坠落，参考《公路工程施工安全技术规范》（JTG F90—2015）第5.7.28条"脚手架的脚手板应满铺、固定，离结构物立面的距离不得大于0.15m"。

6.6.2 盖梁施工作业平台

6.6.2.1 本条第2款参考《桥梁悬臂浇筑施工技术标准》（CJJ/T 281—2018）第4.7.7条"作业平台步行板宽度不应小于600mm"，同时依据《公路工程施工安全技术规范》（JTG F90—2015）第5.7.28条"脚手架的脚手板应满铺、固定，离结构物立面的距离不得大于0.15m"，第5.7.7条第3款"作业面与坠落高度基准面高差超过2m且无临边防护装置时，临边应挂设水平安全网。作业面与水平安全网之间的高差不得超过3.0m，水平安全网与坠落高度基准面的距离不得小于0.2m"。

本条第4款参考《公路工程施工安全技术规范》（JTG F90—2015）第5.7.5条第3款"防护栏杆应由上、下两道横杆组成，上杆离地高度应为1.2m"，第8.13.1条第4款"索塔、横梁等悬空作业，应形成绕索塔塔身封闭的高空作业系统，每层施工面应设置安全平网和立网，立网高度不得小于1.5m"，综合考虑经济性与安全性，作此建议。

6.6.3 母索系统

6.6.3.2 本条第2款参考《安全带》（GB 6095—2009）第5.2.3.2条"整体动态负荷……a）冲击作用力峰值不应大于6kN"。

6.6.3.4 本条第1款2）参考《钢丝绳夹》（GB/T 5976—2006）附录A.4"绳夹固定处的强度……绳夹在实际使用中，受载一、二次以后应作检查，在多数情况下，螺母需要进一步拧紧"。

6.7 挂篮

6.7.1 一般规定

6.7.1.1 挂篮施工的特点在于作业面高，作业平台小且多，工序较复杂。根据近年公路工程施工安全事故分析，挂篮施工典型事故包括挂篮坍塌、高处坠落、物料坠落的物体打击等。根据挂篮施工典型事故，在表3-1中选择了合适的安全防护设施及组合，并针对挂篮施工的风险特点提出施工安全防护设施方面的对策如下：

挂篮施工高处坠落事故的特有风险源包括悬空高处作业多、施工作业平台狭窄、人员行走不便、作业位置和内容不断变化等。在施工安全防护设施设置方面的风险对策包括合理设计施工作业平台空间、规范平台之间的通道以减少悬空高处作业，采用易安装拆卸的防护栏杆等。

挂篮施工物体打击事故的特有风险源包括突风、作业平台小件物料多、可能跨线施工等。在施工安全防护设施设置方面的风险对策包括合理的安全网孔尺寸、防护栏杆的挡脚板等；挂篮跨线施工作业宜配合本指南4.2.1节的防物体打击类防护棚、安全平网或使用全封闭挂篮。

6.7.1.2 本条第1款依据《公路工程施工安全技术规范》（JTG F90—2015）第5.7.10条"高处作业上下通道应根据现场情况选用钢斜梯、钢直梯、人行塔梯，各类梯子安装应牢固可靠"，参考第8.9.2条第2款"墩身超过40m宜设施工电梯"，同时参考第5.7.13条"高架桥等大型构件作业场所上下通道宜采用人行塔梯"。

本条第2款包括水平的施工平台之间，施工平台与梯间平台之间的连接。

本条第3款参考《建筑施工高处作业安全技术规范》（JGJ 80—2016）第5.2.7条第2款"悬挑的混凝土梁、檐、外墙和边柱等结构施工时，应搭设脚手架或操作平台"。

本条第4款参考《公路工程施工安全技术规范》（JTG F90—2015）第5.7.5条第3款"防护栏杆应由上、下两道横杆组成，上杆离地高度应为1.2m"，第8.13.1条第4款"索塔、横梁等悬空作业，应形成绕索塔塔身封闭的高空作业系统，每层施工面应设置安全平网和立网，立网高度不得小于1.5m"，综合考虑经济性与安全忄生，作此建议。

本条第5款参考《公路工程施工安全技术规范》（JTG F90—2015）第8.13.5条"斜拉索施工应符合下列规定：4 塔内脚手架应稳定可靠，操作平台应封闭，操作平台底应挂安全网"。

6.7.1.3 本条第1款，安全防护设施宜有效组合以发挥更大作用，连接部位不能成为防护薄弱环节。

本条第3款参考《电梯制造与安装安全规范》（GB 7588—2003）第11.2.2条"轿厢地坎与层门地坎的水平距离不得大于35mm"。

本条第4款参考《建筑施工高处作业安全技术规范》（JGJ 80—2016）第4.2.1条第2、3款"2 当非竖向洞口短边边长为25～500mm时，应采用承载力满足使用要求的盖板覆盖，盖板四周搁置应均衡，且应防止盖板移位；3 当非竖向洞口短边边长为500～1 500mm时，应采用盖板覆盖或防护栏杆等措施，并应固定牢固"，同时依据《公路工程施工安全技术规范》（JTG F90—2015）第5.7.16条第6款"人行塔梯通往作业面通道的两侧宜用钢丝网封闭"。

6.7.1.4 本条第1款，安全防护设施组合安装后不应从接头部位破坏。

本条第2款参考《建筑施工高处作业安全技术规范》（JGJ 80—2016）第4.3.3条第1款"当采用钢管作为防护栏杆杆件时，横杆及栏杆立杆应采用脚手钢管，并应采用扣件、焊接、定型套管等方式进行连接固定"。最大空隙主要考虑避免失足坠落，参考《公路工程施工安全技术规范》（JTG F90—2015）第5.7.28条"脚手架的脚手板应满铺、固定，离结构物立面的距离不得大于0.15m"。

6.7.2 挂篮施工作业平台

6.7.2.1 本条第1款依据《公路桥涵施工技术规范》（JTG/T 3650—2020）第17.5.1条第4款"挂篮支承平台应有足够的平面尺寸，应能满足梁段的现场作业需要"，参考《桥梁悬臂浇筑施工技术标准》（CJJ/T 281—2018）第4.7.7条"作业平台步行板宽度不应小于600mm"。

6.8 架桥机

6.8.1 架桥机施工多为高空作业，根据近年公路工程施工安全事故分析，架桥机施工典型事故包括高处坠落及物体打击。根据上述施工典型事故，在表3-1中选择了合适的安全防护设施及组合，并针对架桥机施工的风险特点提出施工安全防护设施方面的对策如下：

架桥机施工高处坠落事故特有风险源包括悬空高处作业多、临边防护不到位等。在施工安全防护设施设置方面的风险对策包括合理设置临边防护栏杆、高处作业水平通道及母索系统。

架桥机施工物体打击事故特有风险源主要为高空坠物，在施工安全防护设施设置方面的风险对策包括在防护栏杆底部设置挡脚板以及在两幅桥之间的中分带上铺设安全平网等措施。

6.8.2 本条第1款依据《公路工程施工安全技术规范》（JTG F90—2015）第5.7.5条第2款"防护栏杆下方有人员及车辆通行或作业的，应挂密目式安全网封闭，防护栏杆下部应设置高度不小于0.18m的挡脚板"。此处考虑架桥机跨路作业时下方有车辆和行人通行，或者正常作业时下方有人作业，因此需挂密目式安全立网封闭，并设置挡脚板。参考《公路工程施工安全技术规范》（JTG F90—2015）第5.7.5条第3款"防护栏杆应由上、下两道横杆组成，上杆离地高度应为1.2m"，第8.13.1条第4款"索塔、横梁等悬空作业，应形成绕索塔塔身封闭的高空作业系统，每层施工面应设置安全平网和立网，立网高度不得小于1.5m"，综合考虑经济性与安全性，作此建议。

本条第2款包括桥梁前后跨、左右幅之间，人行塔梯与桥面之间的连接。

本条第3款依据《公路工程施工安全技术规范》（JTG F90—2015）第5.7.10条"高处作业上下通道应根据现场情况选用钢斜梯、钢直梯、人行塔梯，各类梯子安装应牢固可靠"，同时参考第5.7.13条"高架桥等大型构件作业场所上下通道宜采用人行塔梯"。

本条第4款依据《公路工程施工安全技术规范》（JTG F90—2015）第8.11.3条"装配式桥施工应符合下列规定：8 架梁和湿接缝施工期间应设置母索系统"，参考《架桥机安全规程》（GB 26469—2011）第3.8.3条"在无法装设栏杆的情况下，应装设护绳"。当桥墩墩顶等高处作业场所因架桥机正常作业无法设置防护栏杆时，应设置母索系统。

本条第5款参考《公路工程施工安全技术规范》（JTG F90—2015）第8.16.1条"桥面系施工前，上下行桥之间空隙处应满布安全网"。

6.8.4 本条第1款，安全防护设施组合安装后不应从接头部位破坏。

本条第2款参考《建筑施工高处作业安全技术规范》（JGJ 80—2016）第4.3.3条第1款"当采用钢管作为防护栏杆杆件时，横杆及栏杆立杆应采用脚手钢管，并应采用扣件、焊接、定型套管等方式进行连接固定"。最大空隙主要考虑避免失足坠落，参考《公路工程施工安全技术规范》（JTG F90—2015）第5.7.28条"脚手架的脚手板应满铺、固定，离结构物立面的距离不得大于0.15m"。

6.8.5 架桥机属于非标设备，《架桥机通用技术条件》（GB/T 26470—2011）、《架桥机安全规程》（GB 26469—2011）、《起重机设计规范》（GB/T 3811—2008）均对架桥机自身的安全防护设施做出了明确要求，本节不再赘述，仅对架桥机施工过程中外部作业环境的安全防护设施做出要求。

6.9 悬索桥猫道

6.9.1 一般规定

6.9.1.1 悬索桥猫道施工是桥梁工程风险最高的作业工序之一，猫道相对高度较高、环境恶劣、劳动强度大，安全隐患往往较大。根据近年公路工程施工安全事故分析，猫道施工典型事故包括高处坠落、物体打击及触电等。根据猫道施工典型的高处坠落事故，针对猫道施工的风险特点提出施工安全防护设施方面的对策如下：

猫道施工高处坠落事故特有风险源包括台风或突风、临边防护缺失、行走不便等。在施工安全防护设施设置方面的风险对策包括合理设置扶手索式防护栏杆，猫道防滑底板、横向通道等。

6.9.1.2 本条第1款依据《公路工程施工安全技术规范》（JTG F90—2015）第

8.14.8条第6款"猫道面层应每隔0.5m绑扎一根防滑木条，每3m交替设置面层小横梁和大横梁，并应与猫道牢固连接"。

本条第2款依据《公路工程施工安全技术规范》（JTG F90—2015）第8.14.8条第7款"猫道外侧应设置扶手绳及钢丝密目网"。

本条第3款依据《公路桥涵施工技术规范》（JTG/T 3650—2020）第21.5.1条第1款"……猫道间宜设置若干条横向人行通道"。

6.9.2 猫道防滑底板

6.9.2.1 本条第1款依据《公路桥涵施工技术规范》（JTG/T 3650—2020）第8章及第21.5.2条"猫道钢构件的制作要求可参照本规范第8章的相关规定执行，面层和承重索的材料均应符合相应产品的质量要求"。

本条第2款依据《公路桥涵施工技术规范》（JTG/T 3650—2020）第21.5.1条第1款"猫道面层宜由阻风面积小的两层大、小方格钢丝网组成，面层顶部与主缆下沿的净距宜为1.3～1.5m；猫道的净宽宜为3～4m，扶手高宜为1.5m"。建议钢丝网第一层为粗面网，增加面层刚度；第二层为细面网，防止小工件坠落。

本条第3款依据《公路工程施工安全技术规范》（JTG F90—2015）第8.14.8条第6款"猫道面层应每隔0.5m绑扎一根防滑木条，每3m交替设置面层小横梁和大横梁，并应与猫道牢固连接"。

本条第4款主要依据工程经验。

6.9.2.2 本条第2款参考《建筑施工脚手架安全技术统一标准》（GB 51210—2016）第5.1.5条，非砌筑工程的其他主体结构工程作业脚手架作业层施工荷载标准值取$2.0kN/m^2$。

6.9.2.3 本条第1款依据《公路工程施工安全技术规范》（JTG F90—2015）第3.0.16条"大雨、大雪、大雾和六级及以上大风等恶劣天气不得进露天作业"。

本条第3款1）主要考虑防坠人坠物的需求。

6.9.2.4 本条第1款参考《建筑施工高处作业安全技术规范》（JGJ 80—2016）第6.1.4条"应在操作平台明显位置设置标明允许负载值的限载牌及限定允许的作业人数，物料应及时转运，不得超重、超高堆放"。

本条第2款参考《公路水运工程平安工地建设考核评价指导性标准》。

6.9.3 扶手索式防护栏杆

6.9.3.1 本条第 2 款参考《建筑施工高处作业安全技术规范》（JGJ 80—2016）第 4.3.1 条第 3 款"防护栏杆立杆间距不应大于 2m"，《公路工程施工安全技术规范》（JTG F90—2015）第 5.7.5 第 4 款"横杆长度大于 2m 时，应加设栏杆柱"。

本条第 3 款依据《公路桥涵施工技术规范》（JTG/T 3650—2020）第 21.5.1 条第 1 款"扶手高宜为 1.5m"，同时参考《建筑施工高处作业安全技术规范》（JGJ 80—2016）第 4.3.1 条第 2 款"当防护栏杆高度大于 1.2m 时，应增设横杆，横杆间距不应大于 600mm"。

本条第 5 款 3）依据《公路工程施工安全技术规范》（JTG F90—2015）第 8.14.8 条第 7 款"猫道外侧应设置扶手绳及钢丝密目网"。

6.9.3.2 本条第 2 款依据《公路工程施工安全技术规范》（JTG F90—2015）第 5.7.5 条第 1 款"防护栏杆应能承受 1000N 可变荷载"，同时参考《建筑施工高处作业安全技术规范》（JGJ 80—2016）第 4.3.4 条"栏杆立杆和横杆的设置、固定及连接，应确保防护栏杆在上下横杆和立杆任何处，均能承受任何方向的最小 1kN 外力作用"。

6.9.3.3 本条第 1 款依据《公路工程施工安全技术规范》（JTG F90—2015）第 3.0.16 条"大雨、大雪、大雾和六级及以上大风等恶劣天气不得进行露天作业"。

本条第 2 款依据《公路工程施工安全技术规范》（JTG F90—2015）第 8.14.8 条第 3 款"承重索和抗风缆采用钢丝绳时，架设前应通过预张拉消除钢丝绳非弹性变形，预张拉荷载不得小于其破断拉力的 0.5 倍"。

本条第 3 款依据《公路工程施工安全技术规范》（JTG F90—2015）第 8.14.8 条第 2 款"承重索及其他钢丝绳投入使用前应严格验收，严禁使用断丝、变形、锈蚀等超出相应规定的钢丝绳，施工过程中应注意检查和防护"。

本条第 4 款 2）主要考虑防坠人坠物的需求，参考《公路工程施工安全技术规范》（JTG F90—2015）第 5.7.28 条"脚手架的脚手板应满铺、固定，离结构物立面的距离不得大于 0.15m"。

6.9.3.4 本条第 1 款依据《公路工程施工安全技术规范》（JTG F90—2015）第 8.14.8 条第 2 款"承重索及其他钢丝绳投入使用前应严格验收，严禁使用断丝、变形、锈蚀等超出相应规定的钢丝绳，施工过程中应注意检查和防护"。

本条第 2 款参考《公路水运工程平安工地建设考核评价指导性标准》。

6.9.4 横向通道

6.9.4.1 本条第 1 款依据《公路桥涵施工技术规范》（JTG/T 3650—2020）第 8 章

及第 21.5.2 条"猫道钢构件的制作要求可参照本规范第 8 章的相关规定执行，面层和承重索的材料均应符合相应产品的质量要求"。

本条第 2 款参考《固定式钢梯及平台安全要求 第 3 部分：工业防护栏杆及钢平台》（GB 4053.3—2009）第 6.1.2 条"通行平台的无障碍宽度应不小于 750mm，单人偶尔通行的平台宽度可适当减小，但应不小于 450mm"，参考《建筑施工扣件式钢管脚手架安全技术规范》（JGJ 130—2011）第 6.7.2 条第 2 款"人行斜道宽度不应小于 1m，坡度不应大于 1:3"。

本条第 5 款依据《公路桥涵施工技术规范》（JTG/T 3650—2020）第 21.5.1 条第 1 款"扶手高宜为 1.5m"。

6.9.4.3 本条第 1 款依据《公路工程施工安全技术规范》（JTG F90—2015）第 3.0.16 条"大雨、大雪、大雾和六级及以上大风等恶劣天气不得进行露天作业"。

本条第 2 款主要考虑拆卸方便，基于现场施工经验建议采用螺栓连接。

本条第 3 款 2）主要考虑防坠人坠物的需求，参考《公路工程施工安全技术规范》（JTG F90—2015）第 5.7.28 条"脚手架的脚手板应满铺、固定，离结构物立面的距离不得大于 0.15m"。

本条第 4 款依据《公路桥涵施工技术规范》（JTG/T 3650—2020）第 21.5.4 条"在主缆架设完成、加劲梁安装之前，应将猫道改挂于主缆上，改挂前应拆除横向通道"。

6.9.4.4 本条第 1 款参考《建筑施工脚手架安全技术统一标准》（GB 51210—2016）第 11.2.1 条"脚手架作业层上的荷载不得超过设计允许荷载"及《建筑施工高处作业安全技术规范》（JGJ 80—2016）第 6.1.4 条"应在操作平台明显位置设置标明允许负载值的限载牌及限定允许的作业人数，物料应及时转运，不得超重、超高堆放"。

6.10 桥面系

6.10.1 一般规定

6.10.1.1 桥面系施工的特点在于桥面孔洞临边多、作业平台搭建困难。根据近年公路工程施工安全事故分析，桥面系施工典型事故包括主梁倾覆、高处坠落、物体打击等。根据桥面系施工典型的高处坠落、物体打击事故，在表 3-1 中选择了合适的安全防护设施及组合，并针对桥面系施工的风险特点提出施工安全防护设施方面的对策如下：

桥面系施工高处坠落事故的特有风险源包括桥面孔洞临边变动快、多个作业无法搭设作业平台、下方人员车辆多等。在施工安全防护设施设置方面的风险对策包括及时安装防护栏杆和各种通道，设置易更换的防护栏杆和防坠网等。

桥面系施工物体打击事故的特有风险源包括突风、作业平台小件物料工具、下方人员车辆多等。在施工安全防护设施设置方面的风险对策包括设置合理的安全网孔尺寸、挡脚板等。

6.10.1.2 本条第 1 款依据《公路工程施工安全技术规范》（JTG F90—2015）第 5.7.10 条"高处作业上下通道应根据现场情况选用钢斜梯、钢直梯、人行塔梯，各类梯子安装应牢固可靠"，参考第 8.9.2 条第 2 款"墩身超过 40m 宜设施工电梯"，同时参考第 5.7.13 条"高架桥等大型构件作业场所上下通道宜采用人行塔梯"。

本条第 2 款包括水平的施工平台之间，施工平台与梯间平台之间的连接。

本条第 3 款参考《公路工程施工安全技术规范》（JTG F90—2015）第 5.7.5 条第 3 款"防护栏杆应由上、下两道横杆组成，上杆离地高度应为 1.2m"，第 8.13.1 条第 4 款"索塔、横梁等悬空作业，应形成绕索塔塔身封闭的高空作业系统，每层施工面应设置安全平网和立网，立网高度不得小于 1.5m"，综合考虑经济性与安全性，作此建议。

本条第 4 款参考《公路工程施工安全技术规范》（JTG F90—2015）第 8.16.1 条"桥面系施工前，上下行桥之间空隙处应满布安全网"。

6.10.1.3 本条第 1 款，安全防护设施宜有效组合以发挥更大作用，连接部位不能成为防护薄弱环节。

本条第 3 款参考《电梯制造与安装安全规范》（GB 7588—2003）第 11.2.2 条"轿厢地坎与层门地坎的水平距离不得大于 35mm"。

本条第 4 款参考《建筑施工高处作业安全技术规范》（JGJ 80—2016）4.2.1 条第 2、3 款"2 当非竖向洞口短边边长为 25～500mm 时，应采用承载力满足使用要求的盖板覆盖，盖板四周搁置应均衡，且应防止盖板移位；3 当非竖向洞口短边边长为 500～1 500mm 时，应采用盖板覆盖或防护栏杆等措施，并应固定牢固"。

6.10.1.4 本条第 1 款，安全防护设施组合安装后不应从接头部位破坏。

本条第 2 款参考《建筑施工高处作业安全技术规范》（JGJ 80—2016）第 4.3.3 条第 1 款"当采用钢管作为防护栏杆杆件时，横杆及栏杆立杆应采用脚手钢管，并应采用扣件、焊接、定型套管等方式进行连接固定"。最大空隙主要考虑避免失足坠落，参考《公路工程施工安全技术规范》（JTG F90—2015）第 5.7.28 条"脚手架的脚手板应满铺、固定，离结构物立面的距离不得大于 0.15m"。

7 隧道工程

7.1 隧道开挖

7.1.1 一般规定

7.1.1.1 隧道施工是工程施工高风险领域。作业人员长期暴露在可能发生冒顶塌方、涌水突泥、瓦斯等有毒有害气体泄漏等复杂地质条件的有限空间，存在极大安全风险。

根据近年公路工程施工安全事故统计分析，隧道施工典型事故包括坍塌、涌水突泥、高处坠落、物体打击及中毒窒息等，其中隧道坍塌事故占比最高，基本上达到隧道发生事故总量的一半以上。根据隧道施工典型的高处坠落、物体打击事故，选择了合适的安全防护设施及组合，并针对隧道施工的风险特点提出施工安全防护设施方面的对策如下：

隧道坍塌事故指隧道在开挖、衬砌过程中因开挖或支护不当，顶部或侧壁大面积垮塌造成伤害的事故。根据隧道坍塌事故特点，在施工安全防护设施设置方面的风险对策主要为合理设置逃生通道。

隧道施工高处坠落事故指作业人员不慎、临边防护不到位等导致人员从台车上坠落，特有风险源包括：临边防护不到位或缺失、作业位置和内容不断变化等。在施工安全防护设施设置方面的风险对策主要包括合理设置台车的临边防护栏杆、钢直梯。

隧道施工物体打击事故指高空抛物或台车平台上堆放的材料、小型机具、碎片杂物等不慎坠落击伤下方作业人员，特有风险源包括：高空抛物、台车杂物堆积等。在施工安全防护设施设置方面的风险对策主要包括合理设置防护栏杆挡脚板、安全网等。

7.1.1.2 本条第 1 款依据《公路工程施工安全技术规范》（JTG F90—2015）第 5.7.5 条"高处作业场所临边应设置安全防护栏杆"。

本条第 2 款根据现场实际情况，建议台车设置钢斜梯作为上下通道。

本条第 3 款依据《公路工程施工安全技术规范》（JTG F90—2015）第 9.18.5 条"软弱围岩隧道开挖掌子面至二次衬砌之间应设置逃生通道"。

7.1.2 防护栏杆

7.1.2.1 本条第 1 款根据现场实际调研确定。

本条第 2 款参考《公路工程施工安全技术规范》（JTG F90—2015）第 9.1.10 条 "隧道洞口、开关箱、配电箱、台车、台架、仰拱开挖等危险区域应设置明显的警示标志。洞内施工设备均应设反光标识"。

本条第 4 款依据《公路工程施工安全技术规范》（JTG F90—2015）第 5.7.5 条第 2 款 "防护栏杆下方有人员及车辆通行或作业的，应挂密目式安全网封闭"。

7.1.3 逃生通道

7.1.3.1 本条第 2 款参考《公路工程施工安全技术规范》（JTG F90—2015）第 9.18.5 条 "逃生通道的刚度、强度及抗冲击能力应满足安全要求，逃生通道内径不宜小于 0.8m"。

7.1.3.3 本条第 1 款参考《公路工程施工安全技术规范》（JTG F90—2015）第 9.18.5 条 "软弱围岩隧道开挖掌子面至二次衬砌之间应设置逃生通道，随开挖进尺不断前移，逃生通道距离开挖掌子面不得大于 20m"。

本条第 2 款中应急物资包括手电筒、电池、急救药品、简易供氧设备、饮用水和食物。根据相关调研统计，隧道发生坍塌时，通常的救援时间为 1~3 天，工作时间段较长的施工环节一般工作人数为 6~10 人，建议配备满足 10 人 3 天所需的应急物资。

7.2 仰拱

7.2.1 一般规定

7.2.1.1 隧道仰拱是为改善隧道上部支护结构受力条件而设置在隧道底部的反向拱形结构，是隧道结构的主要组成部分之一，它一方面要将隧道上部的地层压力通过隧道边墙结构或将路面上的荷载有效的传递到地下，另一方面还有效地抵抗隧道下部地层传来的反力。仰拱与二次衬砌构成隧道整体，增加结构稳定性。根据近年安全事故分析，仰拱施工典型事故包括车辆伤害、物体打击等事故，据此提出施工安全防护设施方面的对策如下：

仰拱施工车辆伤害事故的特有风险源包括掌子面开挖与仰拱施工相互干扰、车辆人员多等，在安全防护设施设置方面的风险对策主要是设置结构稳定、使用方便、适用性强的自行式整体仰拱栈桥。

仰拱施工物体打击事故的特有风险源包括栈桥上方碎石、杂物等，在安全防护设施设置方面的风险对策主要是合理设置仰拱栈桥的网孔尺寸和挡脚板。

7.2.1.2 本条第1款依据《公路隧道施工技术规范》（JTG/T 3660—2020）第9.7.3条第2款条文说明"在仰拱施工过程中，为减少对前方施工作业的影响，一般需要采用钢结构的移动栈桥跨越"。

7.2.2 仰拱栈桥

7.2.2.1 本条第2款依据《公路隧道施工技术规范》（JTG/T 3660—2020）第8.2.6条第2款"仰拱栈桥宜采用自行式整体栈桥"。

本条第3款依据《公路隧道施工技术规范》（JTG/T 3660—2020）第8.2.6条第3款"仰拱栈桥液压千斤顶宜设有自锁定装置"。

本条第4款依据相关工程经验。

本条第5款依据《公路隧道施工技术规范》（JTG/T 3660—2020）第8.2.6条第4款"仰拱栈桥引桥的最大纵向坡度不宜大于25%"及《公路工程施工安全技术规范》（JTG F90—2015）第9.3.13条第5款"桥面应做防侧滑处理"。

本条第6款依据《公路工程施工安全技术规范》（JTG F90—2015）第5.7.5条第2款"防护栏杆下方有人员及车辆通行或作业的，应挂密目式安全网封闭"。

本条第7款依据《公路工程施工安全技术规范》（JTG F90—2015）第9.3.13条第5款"两侧应设限速警示标志，车辆通过速度不得超过5km/h"，参考《公路工程施工安全技术规范》（JTG F90—2015）第9.1.10条"隧道洞口、开关箱、配电箱、台车、台架、仰拱开挖等危险区域应设置明显的警示标志。洞内施工设备均应设反光标识"。

7.2.2.2 本条第3款依据《公路隧道施工技术规范》（JTG/T 3660—2020）第8.2.6条第1款"仰拱栈桥应经过强度、刚度和稳定性验算"。

7.2.2.3 本条依据《公路隧道施工技术规范》（JTG/T 3660—2020）第8.2.6条第5款"仰拱栈桥基础应稳固。栈桥就位后应检查基础的稳定情况和千斤顶是否锁定"。

7.2.2.4 本条第1款依据《公路隧道施工技术规范》（JTG/T 3660—2020）第8.2.6条第1款"应根据验算条件编制栈桥使用要求，并进行安全技术交底"。

本条第2款依据《公路隧道施工技术规范》（JTG/T 3660—2020）第8.2.6条第7款"仰拱栈桥上部的泥水及残余混凝土应及时清除"。

本条第3款依据《公路隧道施工技术规范》（JTG/T 3660—2020）第8.2.6条第6款"汽车通过仰拱栈桥时，栈桥下方施工人员应躲避"。

本条第4款依据《公路隧道施工技术规范》（JTG/T 3660—2020）第8.2.6条第8款"车辆通过栈桥时速度不得大于5km/h"及《公路工程施工安全技术规范》（JTG

F90—2015）第 9.3.13 条第 5 款"两侧应设限速警示标志，车辆通过速度不得超过 5km/h"。

7.3 盾构隧道

7.3.1 一般规定

7.3.1.1 盾构施工的特点在于作业面多，作业平台小且多，工序较为复杂。根据近年安全事故分析，盾构施工典型事故包括高处坠落、物体打击、机械伤害等。根据盾构施工典型，在表 3-1 中选择了合适的安全防护设施及组合，并针对盾构施工的风险特点提出施工安全防护设施方面的对策如下：

盾构施工高处坠落事故的特有风险源包括临边作业、作业平台狭窄、人员行走不便等。在安全防护设施设置方面的风险对策包括合理设计制造施工作业平台，减少悬空或高处作业的情况，采用易安装拆卸的防护护栏，规范人员行走通道等。

盾构施工物体打击事故的特有风险源包括作业平台物料工具多、拆卸零件多含重物等。在安全防护设施设置方面的风险对策包括合理设计布置合适的网孔尺寸、防护栏杆挡脚板等。

7.3.1.2 本条第 2 款参考《建筑施工高处作业安全技术规范》（JGJ 80—2016）第 5.2.7 条第 2 款"悬挑的混凝土梁、檐、外墙和边柱等结构施工时，应搭设脚手架或操作平台"。

本条第 3 款考虑到不断变动的盾构箱涵作业面，宜采用固定在盾构机台车上的箱涵两侧拼装移动护栏。

7.3.1.3 安全防护设施宜有效组合以发挥更大作用，连接部位不能成为防护薄弱环节。

7.3.1.4 本条第 1 款，安全防护设施组合安装后不应从接头部位破坏。

本条第 2 款参考《建筑施工高处作业安全技术规范》（JGJ 80—2016）第 4.3.3 条第 1 款"当采用钢管作为防护栏杆杆件时，横杆及栏杆立杆应采用脚手钢管，并应采用扣件、焊接、定型套管等方式进行连接固定"，无安全网的最大空隙参考《建筑防护栏杆技术标准》（JGJ/T 470—2019）第 4.2.3 条第 1 款"阳台、外廊、室内外平台、露台、室内回廊、内天井、上人屋面及室外楼梯、台阶等临空处的防护栏杆，栏板或水平构件的间隙应大于 30mm 且不应大于 110mm"。

7.3.2 箱涵两侧移动式作业平台

7.3.2.1 本条第 1 款参考《电梯技术条件》（GB/T 10058—2009）第 3.3.7 条 "电梯轿厢的平层准确度宜在 ±10mm 范围内。平层保持精度宜在 ±20mm 范围内"。

本条第 2 款根据工程经验，设置 5 组行走轮，以保证移动平台沿隧道轴线平稳移动。

本条第 3 款设置爬梯主要为保证人员上下作业的攀爬安全。

7.3.3 盾构箱涵拼装两侧移动护栏

7.3.3.1 本条第 3 款参考《公路工程施工安全技术规范》（JTG F90—2015）第 5.7.5 条第 3 款 "防护栏杆应由上、下两道横杆组成，上杆离地高度应为 1.2m，下杆离地高度应为 0.6m"，下横杆距箱涵表面不大于 0.3m，主要为满足箱涵拼装高低误差和其他要求。

本条第 3 款参考《建筑防护栏杆技术标准》（JGJ/T 470—2019）第 4.2.3 条第 1 款 "阳台、外廊、室内外平台、露台、室内回廊、内天井、上人屋面及室外楼梯、台阶等临空处的防护栏杆，栏板或水平构件的间隙应大于 30mm 且不应大于 110mm"。

7.3.3.2 本条第 2 款依据《公路工程施工安全技术规范》（JTG F90—2015）第 5.7.5 条第 1 款 "防护栏杆应能承受 1 000N 可变荷载"，同时参考《建筑施工高处作业安全技术规范》（JGJ 80—2016）第 4.3.4 条 "栏杆立杆和横杆的设置、固定及连接，应确保防护栏杆在上下横杆和立杆任何处，均能承受任何方向的最小 1kN 外力作用"，1kN 为荷载标准值，应依据防护目的选择合适的动力系数。

7.3.3.3 本条第 1 款结合现场实际情况，盾构箱涵拼装两侧移动护栏应随箱涵拼装进度不断前移，宜固定在盾构机上，与盾构机一同前移，节约拆装时间。

本条第 3 款参考《固定式钢梯及平台安全要求 第 3 部分：工业防护栏杆及钢平台》（GB 4053.3—2009）第 4.5.4 条 "安装后的平台钢梁应平直，铺板应平整，不应有歪斜、翘曲、变形及其他缺陷"。

7.3.3.4 本条第 1 款参考《建筑防护栏杆技术标准》（JGJ/T 470—2019）第 8.0.2 条 "建筑防护栏杆的日常使用与保养、维护应符合下列规定：3 应避免在防护栏杆构件上额外施加长期的外力作用及施加振动荷载，不得随意悬挂重物"。

本条第 2 款参考《建筑防护栏杆技术标准》（JGJ/T 470—2019）第 8.0.2 条 "建筑防护栏杆的日常使用与保养、维护应符合下列规定：7 发现防护栏杆及部件锈蚀、腐蚀、松动或损坏的，应及时进行检查、维修"。

本条第 3 款主要考虑盾构机移动时，由于转弯和施工误差，盾构箱涵拼装两侧移动护栏与盾构箱涵的相对位置会发生改变。

8 高边坡工程

8.1 一般规定

8.1.1 高边坡施工的特点在于作业平台搭建困难，作业面不断变动。根据近年公路工程施工安全事故分析，高边坡施工典型事故包括高处坠落、物体打击等。根据高边坡施工典型的高处坠落、物体打击等事故，在表3-1中选择了合适的安全防护设施及组合，并针对高边坡施工的风险特点提出施工安全防护设施方面的对策如下：

高边坡施工高处坠落事故的特有风险源包括高处作业多、施工人员无作业平台或作业平台狭窄、施工人员无防护措施等。在施工安全防护设施设置方面的风险对策包括合理设计施工作业平台、规范上下作业的通道、设置合适的防护栏杆等。

高边坡施工物体打击事故的特有风险源包括上下交叉作业、作业平台小件物料工具掉落等。在施工安全防护设施设置方面的风险对策包括设置合适的网孔尺寸、防护栏杆挡脚板等。

8.1.2 本条第1款参考《公路工程施工安全技术规范》（JTG F90—2015）第6.5.1条第3款"高度超过2m作业应设置脚手架，并应符合本规范第5.7节的有关规定"。

本条第2款依据《公路路基施工技术规范》（JTG/T 3610—2019）第9.9.2条"在边坡上或基坑内施工，应设置攀登设施"。

本条第3款依据《公路工程施工安全技术规范》（JTG F90—2015）第5.7.5条"高处作业场所临边应设置安全防护栏杆"。

8.1.3 本条主要考虑安全防护设施宜有效组合以发挥更大作用，连接部位不能成为防护薄弱环节。

8.1.4 本条第2款参考《建筑施工高处作业安全技术规范》（JGJ 80—2016）第4.3.3条第1款"当采用钢管作为防护栏杆杆件时，横杆及栏杆立杆应采用脚手钢管，并应采用扣件、焊接、定型套管等方式进行连接固定"。无侧向防护最大空隙参考《公路工程施工安全技术规范》（JTG F90—2015）第5.7.28条"脚手架的脚手板应满铺、固定，离结构物立面的距离不得大于0.15m"。

8.2 高边坡施工作业平台

8.2.1 本条第 2 款依据《公路工程施工安全技术规范》（JTG F90—2015）第 6.5.1 条第 4 款"砌筑作业中，脚手架下不得有人操作及停留，不得重叠作业"。

8.3 人行斜道

8.3.1 本条第 2 款参考《公路工程施工安全技术规范》（JTG F90—2015）第 5.7.11 条第 1 款"长度不宜大于 5m，扶手高度宜为 0.9m"。

本条第 3 款参考《固定式钢梯及平台安全要求 第 3 部分：工业防护栏杆及钢平台》（GB 4053.3—2009）第 5.5.1 条"防护栏杆端部应设置立柱或确保与建筑物或其他固定结构牢固连接，立柱间距应不大于 1 000mm"。

本条第 4 款参考《建筑施工高处作业安全技术规范》（JGJ 80—2016）第 4.3.1 条第 2 款"当防护栏杆高度大于 1.2m 时，应增设横杆，横杆间距不应大于 600mm"。

本条第 5 款 1）参考《固定式钢梯及平台安全要求 第 2 部分：钢斜梯》（GB 4053.2—2009）第 5.2.1 条"斜梯内侧净宽度单向通行的净宽度宜为 600mm，经常性单向通行及偶尔双向通行净宽度宜为 800mm，经常性双向通行净宽度宜为 1 000mm"。

本条第 5 款 2）参考《固定式钢梯及平台安全要求 第 2 部分：钢斜梯》（GB 4053.2—2009）第 5.3.4 条"踏板应采用防滑材料或至少有不小于 25mm 宽的防滑突缘"。

本条第 6 款 1）参考《固定式钢梯及平台安全要求 第 3 部分：工业防护栏杆及钢平台》（GB 4053.3—2009）第 5.6.9、5.6.10 条"扶手宜为外径 30~50mm，壁厚不小于 2.5mm 的圆形管材""支撑扶手的立柱宜采用截面不小于 40mm×40mm×4mm 角钢或外径为 30~50mm 的管材"，同时参考《固定式钢梯及平台安全要求 第 2 部分：钢斜梯》（GB 4053.2—2009）第 4.1 条"钢斜梯采用钢材的力学性能应不低于 Q235B，并具有碳含量合格保证"。

8.3.2 本条第 1 款参考《建筑施工高处作业安全技术规范》（JGJ 80—2016）第 4.3.3 条第 1、2 款"1 当采用钢管作为防护栏杆杆件时，横杆及栏杆立杆应采用脚手钢管，并应采用扣件、焊接、定型套管等方式进行连接固定；2 当采用其他型材作防护栏杆杆件时，应选用与脚手钢管材质强度相当规格的材料，并应采用螺栓、销轴或焊接等方式进行连接固定"。

本条第 2 款参考《水利水电工程施工安全防护设施技术规范》（SL 714—2015）第 3.2.2 条第 5 款 2）"在坚固的混凝土地面等固定时，可用预埋件与钢管或钢筋栏杆柱焊接"，同时依据《公路工程施工安全技术规范》（JTG F90—2015）第 5.7.5 条第 1 款"防护栏杆应能承受 1 000N 的可变荷载"。

本条第 3 款中安装方式参考现行《混凝土结构设计规范》（GB 50010）、《混凝土结构工程施工质量验收规范》（GB 50204）、《钢结构设计标准》（GB 50017）、《钢结构工程施工质量验收标准》（GB 50205）、《钢结构焊接规范》（GB 50661）、《紧固件机械性能　螺栓、螺钉和螺柱》（GB/T 3098.1）等有关规定。

本条第 4 款参考《固定式钢梯及平台安全要求　第 2 部分：钢斜梯》（GB 4053.2—2009）第 4.4.1 条"安装后的梯子不应有歪斜、扭曲、变形及其他缺陷"，第 4.4.2 条"制造安装工艺应确保梯子及其所有构件的表面光滑，无锐边、尖角、毛刺或其他可能对梯子使用者造成伤害或妨碍其通过的外部缺陷"。

8.3.3　本条第 1 款参考《建筑防护栏杆技术标准》（JGJ/T 470—2019）第 8.0.2 条"建筑防护栏杆的日常使用与保养、维护应符合下列规定：3　应避免在防护栏杆构件上额外施加长期的外力作用及施加振动荷载，不得随意悬挂重物"。

本条第 2 款参考《建筑防护栏杆技术标准》（JGJ/T 470—2019）第 8.0.2 条"建筑防护栏杆的日常使用与保养、维护应符合下列规定：7　发现防护栏杆及部件锈蚀、腐蚀、松动或损坏的，应及时进行检查、维修"。